Brigitta Klingel

100 köstliche und gesunde Rezepte

Soja und Tofu

Mit den Wirkstoffen der Sojabohne
Erkrankungen natürlich vorbeugen.
Mit einfachen, schmackhaften Rezept

W0336560

Südwest

Inhalt

Die vielfältigen Verwendungsmöglichkeiten von Soja werden im Rezeptteil vorgestellt.

Sojasprossen lassen sich leicht selber ziehen.

Frischer Tofu ist in asiatischen Ländern Grundnahrungsmittel.

In den versteppten Regionen Brasiliens wird Soja auch zu Zwecken des Erosionsschutzes angepflanzt.

Neueste Untersuchungen haben ergeben, dass Soja sowohl zur Vorbeugung als auch zur Heilung vieler Krankheiten, u. a. Krebs, einen wichtigen Beitrag leistet.

Soja, das Lebensmittel der Zukunft?

In den vergangenen zehn Jahren war die Produktionszunahme von Soja mehr als doppelt so hoch wie die von Fleisch, Milch und Getreide. Dass die Zukunft Sojaerzeugnissen gehört, ist auf wissenschaftliche Erkenntnisse um die einzigartige Nährstoffdichte dieser Pflanze zurückzuführen. Sie wird langfristig immer mehr an Bedeutung gewinnen, wenn es darum geht, der Welthungerkrise zu begegnen. Auch auf medizinischem Sektor findet Soja mehr und mehr Beachtung.

Vernünftige Bodenbewirtschaftung mit Soja

Folgendes Beispiel macht deutlich, wie kostbarer Boden verschwendet wird, um den enormen Fleischhunger der westlichen Industrienationen zu stillen:

- Durch Viehwirtschaft kann für eine Person auf 1 000 qm Anbaufläche Nahrung für 19 Tage erzeugt werden.
- Mit Getreideanbau lässt sich ein Mensch vom Ertrag dieser Fläche 217 Tage lang ernähren.
- Bei Sojaanbau reicht die Ernte bei derselben Größe der bewirtschafteten Fläche für 549 Tage!

Eine vernünftige Alternative zu den momentanen Ernährungsgewohnheiten heißt also Soja. Da die Nachfrage das Angebot bestimmt, liegt es am Endverbraucher, ob weiterhin wertvoller Boden zugunsten der einen Hälfte der Menschheit auf Kosten der anderen ausgebeutet wird oder nicht. Die Menge des verwertbaren Proteins pro Hektar Anbaufläche ist bei Soja überdurchschnittlich groß. Bestmögliche Nutzung der Eiweißquellen ist angesichts der Bevölkerungsexplosion ein Gebot der Stunde. Deshalb gehört die Sojabohne zu den Lebensmitteln, die zukünftig eine entscheidende Rolle spielen werden.

Soja – Neuentdeckung der Industrie

Nicht nur in der Ernährung oder in der Medizin hat sich Soja einen Namen gemacht. Farben und Lacke, Seifen und Waschmittel, Kunststoffe aller Art, Klebe- und Dichtungsmittel, Isoliermaterialien, Papiererzeugnisse und Tinte werden mit Soja hergestellt. Auch bei der Benzingewinnung, der Lederverarbeitung und bei vielen chemischen Prozessen werden Sojaprodukte eingesetzt. Die Suche nach Anwendungsgebieten für den Grundstoff Soja in der Industrie geht weiter. Es scheint, als sei die Sojabohne eine schier unerschöpfliche Ressource – und dabei völlig ungefährlich für das ökologische Gleichgewicht. Nicht zuletzt ist sie billiger als viele andere Substanzen.

Verwertbares Protein pro Hektar Anbaufläche	
Sojabohne	400 kg
Reis	297 kg
Mais	237 kg
Weizen	155 kg
Milch	92 kg
Eier	87 kg
Rindfleisch	22 kg

Werden Sojaeiweiß und Getreideeiweiß zusammen gegessen, wird dadurch noch einmal eine bis zu 40 Prozent höhere Eiweißverwertung erzielt. Dabei ist das Verhältnis zwischen Kalorienanteil und Eiweißgehalt sehr günstig: bei gleicher Eiweißmenge hat Soja nur 20 Prozent der Rindfleischkalorien. Wer verantwortlich und global denkt, muss einen Beitrag leisten, damit nicht weiterhin unzählige Menschen verhungern, während sich andererseits Abertausende krank essen.

Bereits 100 Gramm Bohnen decken den Tagesbedarf eines Erwachsenen an den wichtigsten B-Vitaminen; darüber hinaus enthalten sie reichlich Eisen, Mineral- und Ballaststoffe.

In China wurde die Sojabohne bereits vor über 5000 Jahren als wertvolles Nahrungs- und Heilmittel entdeckt. Zahlreiche Legenden und Mythen ranken sich um die heute in jedem Reformhaus und Naturkostladen erhältliche »Wunderbohne«.

Die Erfolgsgeschichte der Sojabohne

Fernöstliche Weisheiten über die Sojabohne

Die Chinesen nennen die Sojabohne »ta-tou«, was »die große Bohne« bedeutet – und sie nutzen sie seit Jahrtausenden sowohl als Nahrungsmittel wie auch in der Medizin.
Bereits vor 5000 Jahren wurde die Sojabohne zum ersten Mal in alten chinesischen Papieren erwähnt. Doch baute man sie vermutlich bereits schon in einer Zeit an, aus der es keine schriftliche Überlieferung gibt. Die Sojabohne war für die chinesische Kultur derart bedeutsam, dass sie zu den vier heiligen Getreidearten, nämlich Reis, Gerste, Weizen und Hirse, als fünfte heilige Pflanze hinzufügt wurde. So wurde sie beispielsweise von dem damaligen Kaiser Cheng-Nung verehrt, der ihren Anbau in China förderte.

Die Wunderbohne

Zahlreiche Legenden ranken sich um die »Wunderbohne«: Man erzählt, dass sich um 1500 v. Chr. die räuberischen Kriegsherren Yu Xi-ong und Gong Gang-shi in der Wüste Nordchinas verirrten. Sie sollen mit Hilfe der »Erbse«, der Urform der heutigen Sojabohne, überlebt haben.
712 v. Chr. finden sich schließlich in Japan erste Beschreibungen der Sojabohne, im »Kojiki«, dem mythologischen Buch. Eine Aufzeichnung aus dem 6. Jahrhundert besagt, dass Miso, eine fermentierte Sojapaste, die heute in jedem

Reformhaus und Naturkostladen erhältlich ist, sogar schon damals als besondere Gabe für den Shogun und seinen kaiserlichen Haushalt bestimmt war.
Vom asiatischen Festland kam die Pflanze dann über Japan nach Java, Indonesien und auf andere Inseln. Die wertvolle Bohne half den Menschen, trotz der hohen Bevölkerungsdichte zu überleben. Aus jener Zeit stammen auch Bezeichnungen wie »die Kuh des Fernen Ostens« und »das Fleisch des Feldes« für Soja.

Nach ihrem langen Weg vom asiatischen Festland über Japan und Europa gelang der Sojabohne im 19. Jahrhundert in Nordamerika schließlich der Durchbruch.

Der Siegesfeldzug in den Westen

1712 brachte der deutsche Botaniker Engelbert Kämpfer die Bohne von einem Japanaufenthalt mit nach Europa. Zunächst wurde sie im »Jardin des Plantes«, dem berühmten botanischen Garten in Paris, sowie in England angebaut. Später, nachdem sie 1873 auf der Weltausstellung in Wien vorgestellt worden war, befasste sich der Botaniker Friedrich Haberlandt mit der »Glycine hispida mar«. Nach der Veröffentlichung seines Buches »Die Sojabohne« wurden auch in Deutschland Versuche im Freilandanbau durchgeführt. Doch während es dann in Europa erst einmal wieder still um diese Pflanze wurde, ging unabhängig davon die Parallelentwicklung in den USA weiter.

Vom Ballastmaterial zum Exportschlager

Amerika und die Sojabohne haben ein gemeinsames Schicksal: Beide wurden sowohl zufällig als auch durch einen Seefahrer entdeckt.
Von der Sojabohne wird berichtet, dass chinesische Seefahrer sie um 1800 auf dem Weg nach Amerika als Ballast verwendet und vor der Landung über Bord geworfen haben. Clevere oder sehr hungrige amerikanische Farmer fischten

die Bohnen aus dem Wasser und pflanzten sie in die Erde. Damit war der Startschuss für eine Weltkarriere gegeben.
Zunächst wurde die ertragreiche Sojapflanze erfolgreich als Viehfutter eingesetzt. Ein erneuter Zufall sorgte für den nächsten Karrieresprung: die Entdeckung der Bohne als Nahrungsmittel. Während des Bürgerkrieges wurde sie anstelle der schwer erhältlichen Kaffeebohne geröstet und als Kaffeeersatz verwendet. Der Chemiker George Washington Carver fand schließlich heraus, dass Sojabohnen eine wertvolle Quelle für Eiweiß und Öl sind, in etwa vergleichbar mit Erdnüssen.
Nun begann sich die Pflanzenölindustrie für die Sojabohne zu interessieren. In den zwanziger Jahren dieses Jahrhunderts erlebte die industrielle Verarbeitung von Soja einen raschen Anstieg; inzwischen gibt es über 30000 Lebensmittel, die in der einen oder anderen Form Soja enthalten.

Die USA avancierten zum führenden Weltmarktproduzenten von Soja, nachdem China infolge des Zweiten Weltkriegs und seiner innenpolitischen Probleme nicht mehr in der Lage war, die kontinuierlich steigende Nachfrage zu decken.

Anbaugebiete gestern und heute

In den vierziger Jahren hielt die kleine »Wunderbohne« aus dem Reich der Mitte schließlich auch Einzug in die Agrarwirtschaft Nordamerikas – und behauptete sich endgültig dort. China, zu dieser Zeit noch weltweiter Großversorger, konnte den Bedarf an Soja nicht mehr allein decken. Der Zweite Weltkrieg und der Bürgerkrieg im eigenen Land hatten die chinesischen Sojabohnenfelder verwüstet, der Wiederaufbau ging nur schleppend voran.
In den USA dagegen wurde eifrig angebaut. Mit den erweiterten Verkaufsmöglichkeiten und neuen Pflanzenzüchtungen wurden die USA schließlich zum führenden Produzenten auf dem Weltmarkt. Heute halten sie mehr als die Hälfte (60 Prozent) der Marktanteile und sind damit mit Abstand führend auf dem Weltmarkt, gefolgt von China. In den vergangenen Jahren bekam das Ursprungsland der Sojabohne

auch von Brasilien und Argentinien Konkurrenz, die ihre Weltmarktanteile erheblich steigern konnten.
Die riesigen Monokulturen, wie sie im mittleren Westen der USA zu finden sind, erfordern jedoch einen hohen Aufwand an Agrarchemie.
Weltweit liegt der Ertrag des Sojaanbaus bei mehr als 80 Millionen Tonnen jährlich. Und noch immer ist kein Ende der steilen Karriere in Sicht, da mehr und mehr Länder den hohen Wert der Bohne für Ernährung und Industrie erkennen.

Kleine Pflanzenkunde

- Die Sojabohne (Glycine hispide max) zählt zur Pflanzenfamilie der Schmetterlingsblütler, also Hülsenfrüchte (Leguminosen). Etwa 1 000 verschiedene Sorten sind bis heute bekannt. Die aufrechte und buschige Sojapflanze wird – je nach Sorte und Standort – von 30 Zentimeter bis zu 2 Meter hoch. Der Pflanzenstengel ist grau behaart, die Pfahlwurzeln mit fein verzweigten Nebenwurzeln erlauben auch bei längeren Trockenperioden die Wasserversorgung. An den Seitenwurzeln sitzen eine Menge kleiner Knöllchenbakterien, die Stickstoff aus der Luft binden und ans Erdreich abgeben. Die Pflanze hat drei-, fünf- oder siebenteilige Blätter und weiße bis purpurne Blüten. Da sie eine Kurztagspflanze ist, bildet sie jedoch nur bei genügend Dunkelheit Blüten aus.
- Inzwischen gibt es auch in Mitteleuropa immer mehr erfolgreiche Anbauversuche. Obwohl Fruchtwechsel und Mischkultur zu bevorzugen sind, sollte Soja drei bis vier Jahre am gleichen Standort angebaut werden, da sie sich selbst ihr eigenes Bodenklima schafft – eine Garantie für höhere Erträge. Auch in Reihungen mit Erdbeeren, Zwiebeln oder Möhren ist der Sojaanbau empfehlenswert.

Die Sorten Gieso, Fiskeby und Calona werden hierzulande in wärmeren Gegenden erprobt. Bald nach der Blüte beginnt sich die Hülse zu entwickeln. Es wachsen drei bis sechs Zentimeter lange Schoten mit je zwei bis fünf Bohnen. Es gibt gelbe, grüne, braune und schwarze Sorten mit unterschiedlich geformten Bohnen. Die kleine gelbe ist die als Nahrungsmittel am häufigsten verwendete Art. Aus ihr wird Sojamilch, Tofu, Tempeh, Miso und Sojasauce hergestellt.

Soja in der Neuzeit

Auf chinesischen Märkten werden frische Sojasprossen fast immer angeboten.

Wie Amerika Soja salonfähig machte

Henry Ford lud Mitte der fünfziger Jahre Prominente aus Politik und Industrie zu einem großen Galadinner. Die Speisefolge reichte von diversen Vorspeisen bis hin zu einer Reihe von Fischspezialitäten und Fleischgerichten wie Hühnerbrust und Beefsteak. Zum Abschluss gab es Käse, Kaffee, Eisdesserts, Waffeln und Torten. Nach dem Essen gestand Ford seinen Gästen, dass sie rein vegetarisch gegessen und die Gerichte ausnahmslos aus Soja, Getreide, Obst und Gemüse bestanden hätten. Der Anlass dieses Galadinners war die symbolische Vermählung der »Wunderbohne Soja« aus dem Reich der Mitte und der modernen Ernährungsindustrie. Aus dieser Verbindung entstanden unzählige Nachkommen.

Soja – Lebensmittel zweiter Wahl?

Im Nachkriegsdeutschland galten Sojaprodukte als »Arme-Leute-Essen«. Obwohl heute rund 30 Prozent aller Lebensmittel Sojaanteile enthalten, werden sie nach wie vor unter Begriffe wie »E-Nummern« und Eiweiß subsummiert.

Heutzutage enthalten rund 30 Prozent aller Lebensmittel Soja, von Öl und Margarine über Fertiggerichte bis hin zum Schokoriegel. In Deutschland wird die Sojabohne jedoch immer noch mit einem »Arme-Leute-Essen« assoziiert, über die tatsächlichen und vielseitigen Verwendungsmöglichkeiten der Wunderbohne wurden die Verbraucher bislang nicht aufgeklärt. Auf die Kennzeichnung »Soja« wird konsequent verzichtet. Das Sojalezithin muss sich hinter dem Begriff »E-Nummern« verstecken, das Sojaöl wird meist als reines Pflanzenöl deklariert, das wertvolle Sojaprotein heißt schlicht Eiweiß und die Sojakleie (Okara), das Nebenprodukt bei der Herstellung von Tofu, dient überwiegend der Tiermast und kommt nur in kleiner Menge als sogenannter Ballaststoff in den Handel.

Warum der zigtausendfache Einsatz von Soja über Jahrzehnte verschwiegen wurde? Ein Grund war sicher, dass nach dem Krieg Sojaprodukte auf den Markt kamen, die als Ersatzfutter bezeichnet wurden. Da die Verbraucher Soja nicht annahmen, handelten die meisten Hersteller nach dem Sprichwort: »Was ich nicht weiß, macht mich nicht heiß«.

Traurige Berühmtheit: genmanipuliertes Soja

Es klingt wie eine Ironie des Schicksals, dass die Vielseitigkeit der Sojabohne erst im Zusammenhang mit der Genmanipulation bekannt wurde. Nach der Einfuhr größerer Mengen gentechnisch veränderter Sojabohnen aus den USA erfuhren wohl die meisten Verbraucher zum ersten Mal, in welch großer Zahl von Lebensmitteln Soja enthalten ist. Obwohl von Seiten der Wissenschaft die völlige gesundheitliche Unbedenklichkeit von genmanipulierten Nahrungsmitteln versichert wird, lehnen einer Emnid-Umfrage zufolge mehr als 70 Prozent der Deutschen »Genware« ab. Doch da Soja in deutschen Produkten nicht als solche deklariert wird, können die Verbraucher nun zusehen, wie sie zurechtkommen. Denn selbst wenn die sogenannte Novel-Food-Verordnung in Kraft tritt, die die Kennzeichnungspflicht von genmanipulierten Lebensmitteln vorschreibt, bleiben viele Probleme ungelöst. So würden zwar Produkte wie z. B. Sojamilch, die direkt aus gentechnisch veränderten Sojabohnen gewonnen werden, als Novel Food gekennzeichnet werden; Erzeugnisse wie Sojaöl, bei denen nach dem Raffinierungsprozess eine Genmanipulation nicht mehr nachweisbar ist, blieben dagegen unmarkiert.
Wer nicht Gefahr laufen will, genmanipuliertes Soja untergejubelt zu bekommen, kann also nur bei Waren aus dem Reformhaus oder Bioladen ganz sicher gehen. Denn dort stammen die Produkte aus biologischem Anbau – ohne jeglichen Einsatz von Gentechnik.

Schutz vor genmanipulierten Sojabohnen gibt es nur beim Kauf von Produkten aus kontrolliert biologischem Anbau. Die sogenannte Novel-Food-Verordnung zur Kennzeichnung genmanipulierter Lebensmittel bietet keine Garantie.

Sojaprodukte sind mittlerweile aus einer bewussten gesunden und diätetischen Küche nicht mehr wegzudenken – auch in der europäischen Kultur.

Magnesium ist ein silbrigweißes Leichtmetall, das in vielen Sojaprodukten in hoher Konzentration enthalten ist. Eine britische Studie belegt, dass bei Patienten, die während eines Herzinfarktes mit Magnesiuminjektionen behandelt wurden, die durchschnittliche Sterberate um ein Viertel sank.

Das Powerpaket Soja

Das gänzliche Fehlen von Cholesterin, der hohe Gehalt an Eiweiß, die vielen ungesättigten Fettsäuren und die wenigen Kohlenhydrate, zahlreiche wichtige Vitamine und Mineralien, Lezithin sowie Ballaststoffe – das sind nur einige Gründe, warum sich viele Millionen Menschen mit Soja ernähren. Die ernährungsphysiologische Zusammensetzung der Sojabohne ist in ihrer Komposition einmalig.

- Soja hat einen überdurchschnittlich hohen Gehalt an Magnesium und Eisen. Die Eisenkonzentration der »Wunderbohne« ist mit 12 Milligramm pro 100 Gramm zweimal höher als die von Spinat. Damit steht Soja an der Spitze aller gegen Blutarmut wirkenden Früchte und Gemüsesorten.
- Ihre Mineralien und Spurenelemente umfassen Kalium, Kalzium, Phosphor, Natrium, Kupfer, Mangan und Zink.
- Das Kalzium-Phosphor-Verhältnis von Soja ist das beste aller Nahrungsmittel. Der Kalziumanteil ist dabei insgesamt sehr hoch.
- Soja enthält außerdem alle Vitamine, die für die zentralen Lebensfunktionen notwendig sind, besonders die Vitamine A, B, D, E und Folsäure sowie Bioflavonoide.
- Darüber hinaus ist Soja ein guter Lieferant der für die Verdauung wichtigen Faserstoffe sowie essenziellen Aminosäuren.

Was in der kleinen Bohne so alles steckt

- 36 bis 40 Prozent Eiweiß (Protein) mit allen acht essenziellen Aminosäuren
- 20 bis 24 Prozent stärkefreie Kohlenhydrate
- 20 Prozent hochwertiges Pflanzenfett mit einem enorm hohen Anteil an ungesättigten Fettsäuren
- 5 Prozent Mineralstoffbestandteile
- 2 Prozent Lezithin

Soja und die B-Vitamine

Sojabohnen enthalten Pantothensäure, ein Vitamin aus der B-Familie. Diese Säure regt die Adrenalindrüsen an und unterstützt den Stoffwechsel, insbesondere von Cholesterin sowie Fettsäuren. Außerdem hilft sie dabei, den Verdauungstrakt gesund zu erhalten.
Durch Degeneration und Verarbeitung als industriell vorgefertigtes Lebensmittel wird der Vitamin-B-Gehalt von Soja drastisch reduziert. Bereiten Sie deshalb die Sojarezepte in diesem Buch so oft wie möglich mit frischen Sojabohnen zu. Schlaftabletten, Alkohol, Tabak, Koffein und Östrogene können die Pantothensäure in Sojabohnen jedoch übrigens völlig zerstören.
Viele Beschwerden sollen durch das B-Vitamin der Sojabohne gelindert werden, u. a. Stimmungsschwankungen und geistige Ermüdung, Kopfschmerzen und Schlafstörungen sowie Muskelkrämpfe und Atemprobleme.

Soja als Magnesiumquelle

Soja ist eine der magnesiumreichsten Pflanzen, eine Portion Sojabohnen allein deckt bereits etwa 14 Prozent der empfohlenen Tagesdosis ab. Diese beträgt bei Erwachsenen 350 Milligramm, bei Kindern 300 Milligramm und bei Kleinkindern 40 Milligramm. Magnesium muss dem Körper zugeführt werden, um die Enzyme des Energiestoffwechsels zu aktivieren und Arterien, Knochen, Herz, Muskeln, Nerven und Zähne gesund zu erhalten.
Vor einer übermäßigen Einnahme von Magnesium muss aber gewarnt werden, da es in großen Mengen toxisch wirken kann. Wenn der Bedarf jedoch aus naturbelassenen Nahrungsmitteln gedeckt wird, ist eine Überdosierung nahezu ausgeschlossen.

Für den Stoffwechsel der Knochen ist Magnesium sehr wichtig. Es reguliert den Transport des aktiven Kalziums im Körper und beeinflusst das Spurenelement Bor. Bor wiederum ist notwendig für das Wachstum und behindert die Ausscheidung von Kalzium und Magnesium im Urin.

Die fernöstliche Kochkultur hat zahlreiche Kleinigkeiten mit Sojaprodukten auf dem Speiseplan, wie z. B. Knoblauchzehen in Sojasauce eingelegt.

Kalzium, der Stoff aus dem die Knochen sind

Obwohl Sojabohnen viel Kalzium enthalten, ist nicht bekannt, wieviel davon tatsächlich absorbiert werden kann. Denn Sojabohnen enthalten auch »phytic acid«, was wiederum die Absorption von Kalzium stören könnte.

Der Körper eines Erwachsenen enthält etwa 1,5 Kilogramm Kalzium, von denen 99 Prozent für die Härte der Zähne und Knochen sorgen. Etwa ein Prozent ist in den Körperflüssigkeiten verteilt, wo es für die normale Zellaktivität benötigt wird. Wenn der Körper nicht ausreichend Kalzium mit der Nahrung bekommt, holt er es sich aus den Knochen. Mit fortschreitendem Alter nimmt die Fähigkeit, Kalzium aufzunehmen, ab. Eine ausreichende Kalziumzufuhr sollte deshalb besonders im Alter, aber auch während der Wachstumsphase in der Kindheit, gewährleistet sein. Kalzium ist auch in der Lage, übermäßiges Wachstum von Darmwandzellen und kleinen Wucherungen zu hemmen, die das Risiko von Dickdarmkrebs steigern könnten.
Sojaprodukte sind ebenso wie dunkelgrünes Blattgemüse, Milchprodukte, Nüsse, Samen und Kräuter reich an Kalzium und deshalb für den Speiseplan sehr zu empfehlen.

Faserstoffe – Garanten für eine gesunde Verdauung

Die Sojabohne, vor allem ihre äußere Schale, ist eine der besten Lieferanten von Faserstoffen, die für eine gesunde Verdauung wichtig sind. Sechs Gramm Faserstoffe sind in jeder Tasse gekochter Bohnen enthalten. Wenn Sojabohnen zu Eiweißprodukten und Öl verarbeitet werden, wird allerdings die äußere Schale entfernt und anschließend als Tiermast oder Ballaststoff für Brot, Frühstücks- und Imbissspeisen weiter verwendet.
Wichtig ist, dass die Ballaststoffe im natürlichen Nahrungsverbund zugeführt werden. Reine Ballaststoffe, wie z. B. Weizenkleie, sind zwar nicht schädlich, wenn sie in der richtigen Weise benutzt werden, bieten jedoch nicht die Vorteile von Faserstoffen, wie sie in den Sojabohnen vorkommen.
Für die Gesundheit des Dickdarms und die Gewährleistung einer einwandfreien Darmfunktion ist eine Faserstoffzusammensetzung wie die der Sojabohne unerlässlich.

Faserstoffe regen die Speichelproduktion an und verdünnen den Magen- und Darminhalt. Dadurch leisten sie einen wesentlichen Beitrag zur gesunden Verdauung. Die äußere Schale der Sojabohne enthält einen besonders hohen Anteil an Faserstoffen.

Warum die Faserstoffe so wichtig sind

- Die Faserstoffe der Sojabohne regen die Speichelproduktion an. Speichel wiederum zersetzt bereits im Mund die Speisen und leistet damit eine wichtige Vorarbeit für die Verdauung.
- Ballaststoffe verdünnen den Magen- und Dünndarminhalt. Dadurch wird die Passage der Nahrung durch Magen und Darm verlangsamt. Der Körper hat damit sozusagen mehr Zeit, wichtige Nährstoffe aufzunehmen.
- Der Inhalt des Dickdarms wird verdünnt und die Bakterienkonzentration dadurch verringert.
- Der Stuhl wird weicher und voluminöser. Das entkrampft den Darm, und der Druck wird reduziert.

Faserstoffe und Kalzium im Wettstreit

Das Zusammenspiel von Mineralien und Faserstoffen ist noch nicht genau erforscht. Man geht derzeit davon aus, dass bestimmte Faserstoffe Mineralien wie Kalzium, Eisen oder Zink aus dem Körper abtransportieren. Viele Lebensmittel enthalten aber sowohl Faser- als auch Mineralstoffe. Was tun? Auch hier liefert Soja eine gute Lösung: Tofu. Denn Tofu enthält keine Ballaststoffe, jedoch 260 Milligramm Kalzium pro Tasse. Fragen Sie im Reformhaus nach Tofu mit Kalziumsulfat und nach spezieller Sojamilch, die mit Kalzium angereichert ist.

Soja – Eiweißlieferant Nummer eins

Die Sojabohne besteht zu fast 40 Prozent aus Eiweiß mit einer für die menschliche Ernährung hohen biologischen Wertigkeit. Der Gehalt an hochwertigem Pflanzenfett beträgt 17 bis 20 Prozent, wovon der größte Anteil aus mehrfach ungesättigten Fettsäuren zusammengesetzt ist. Außerdem enthält die Sojabohne etwa 40 Prozent stärkefreie Kohlenhydrate.

Nach den Richtlinien der Deutschen Gesellschaft für Ernährung sollten Männer etwa 55 Gramm Eiweiß pro Tag, Frauen 45 Gramm zu sich nehmen. Die tatsächliche Zufuhr liegt jedoch bei 105 Gramm bei Männern und 83 Gramm bei Frauen. Demnach wäre also alles in Ordnung mit der Proteinzufuhr? Irrtum, denn Eiweiß ist nicht gleich Eiweiß.

Wertvolle Aminosäuren

Eiweißmoleküle werden im Magen und Dünndarm von Enzymen in einzelne Aminosäuren zerlegt. Der Aminosäurespiegel ist im menschlichen Organismus fein ausbalanciert. Überwiegt eine Aminosäure, z. B. durch einseitige Zufuhr von tierischem Eiweiß, stört das den übrigen Haushalt. Dies kann negative Folgen für die Körperfunktionen haben. Mit Soja ist eine ungleichmäßige Proteinversorgung nicht möglich, da sie alle essenziellen Aminosäuren enthält. Das Eiweiß der Bohne ist von so hoher Wertigkeit, dass es in der Lage ist, einseitige Ernährung mit tierischem Eiweiß auszugleichen.

Aminosäuren der Sojabohne				
Essenzielle Aminosäuren	Gehalt in Sojabohnen	Empfohlener Tagesbedarf		
		Erwachsene	Jugendliche	Kinder
Zystin	1,2	13	58	27
Lysin	6,6	12	103	60
Leuzin	7,6	14	161	45
Isoleuzin	5,8	10	70	30
Methionin	1,1	13	58	27
Phenylalanin	4,8	14	125	27
Threonin	3,9	7	87	35
Tryptophan	1,2	3,5	17	4
Valin	5,2	10	93	33
Tyrosin	3,2	14	125	27

Aminosäuren wirken in extrem kleinen Dosen und haben vielseitige Aufgaben im Körper wie z.B. den Aufbau neuen Gewebes oder die »Reparatur« beschädigter Zellen. Dass sie für den Körper, insbesondere für das Gehirn, unerlässlich sind, bedeutet allerdings nicht, dass sie gleichermaßen harmlos sind. Sie sollten nicht leichtfertig eingenommen werden, da beispielsweise eine Überdosierung bestimmter Aminosäuren die Nieren schädigen kann.
Eine Umstellung der Ernährung von weniger Fleisch- und Milchprodukten hin zu einer vegetarischen Kost, die reich an Soja, Obst und Gemüse ist, führt zu einem Ausgleich im Aminosäurenhaushalt. Außerdem kann sie sowohl zur Vorbeugung wie auch als begleitende Maßnahme bei vielen Beschwerden und sogar bei Krebs-, Herz- und Blutgefäßerkrankungen dienen.

Der menschliche Körper verwendet Proteine zur Produktion von Hormonen, Enzymen und Neurotransmittern, den chemischen Boten des Gehirns. Sie halten den Säure-Base-Gehalt des Blutes im Gleichgewicht, sammeln und scheiden Abfallprodukte aus.

Soja in der Medizin

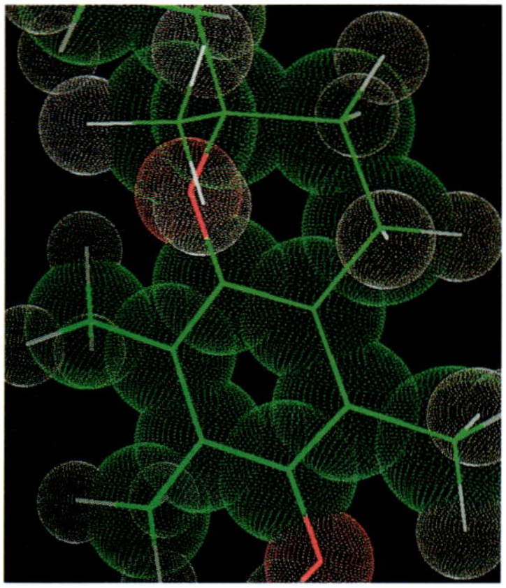

Eines der kompliziertesten Vitamine ist das fettlösliche E-Vitamin. Es gehört zu den wichtigen Radikalefängern und schützt u. a. andere Vitamine.

Neueste wissenschaftliche Untersuchungen zeigen, dass in der winzigen, unscheinbaren Sojabohne zahlreiche enorm wirksame Substanzen verborgen liegen, die nachweislich viele Beschwerden zu lindern vermögen.

Ein Bericht im renommierten New England Journal of Medicine vom 3. August 1995 rief einen Aufruhr unter Fachleuten und Verbrauchern hervor: Dr. James Anderson hatte 83 sorgfältig durchgeführte Studien über die Wirkung von Soja auf den Blutcholesterinspiegel von Patienten ausgewertet. Er folgerte, dass eine tägliche Einnahme von nur 25 bis 47 Gramm Sojaprotein (enthalten in ⅛ bis ¼ Tasse Bohnen) täglich den Cholesterinspiegel deutlich sinken lässt.

Weniger bekannt, aber ebenso interessant für Forscher, sind die kürzlich erschienenen Berichte, nach denen die in Sojabohnen enthaltenen Substanzen Genistein und Daizein gegen Brustkrebs, Hautkrebs, Prostatakrebs und Leukämie eingesetzt werden können.

Verschiedene wissenschaftliche Untersuchungen belegen, dass in der Sojabohne enthaltene Substanzen in der Medizin vielfach angewendet werden können. Sie wirken beispielsweise gegen Krebs, Bluthochdruck und erhöhten Cholesterinspiegel.

Soja, die neue Allroundmedizin?

- Soja wird in der Krebsbekämpfung eingesetzt.
- Der Cholesterinspiegel kann durch die Einnahme von Soja gesenkt werden.
- Soja reguliert den Blutzucker.
- Soja übt eine Schutzfunktion für das Herz aus.
- Menstruationsbeschwerden und klimakterische Symptome werden durch Soja verringert.
- Ein erhöhter Blutdruck kann durch Soja stabilisiert werden.
- Durch die Aufnahme von Sojaprodukten wird eine gesunde Darmfunktion gefördert.
- Soja unterstützt den Knochenaufbau.

Soja – das Mittel der Zukunft gegen Krebs?

Epidemiologen führen die niedrigen Raten bestimmter Krebsarten im Fernen Osten darauf zurück, dass dort große Mengen Sojanahrung verzehrt werden. Berichte über die möglichen Krebs hemmenden Eigenschaften von Soja überschwemmen derzeit die wissenschaftlichen Zeitschriften. Neueste Erkenntnisse der Krebsforschung sind:

- Aus den USA wird berichtet, dass bei Frauen, die sich mit Soja ernähren, die Krebsrate um 50 Prozent niedriger ist als bei Frauen, die sich herkömmlich ernähren.
- Im Fernen Osten, wo die Menschen 20- bis 50-mal mehr Sojaprodukte essen als in Amerika, gibt es wesentlich weniger Brust- und Prostatakrebs.
- Untersuchungen an Japanern und Hawaiianern, deren Hauptnahrungsmittel Tofu ist, ergaben eine deutlich geringere Zahl an Patienten mit Magenkrebs als in anderen Ländern.
- Das Lungenkrebsrisiko ist bei chinesischen Bergleuten, die sehr viel Tofu zu sich nehmen, deutlich geringer als bei der Restbevölkerung.

Terpene zur Vorbeugung gegen Krebs

Terpene sind Antioxidanzien, wie auch die Vitamine C und E. Sie kommen in den meisten essenziellen Fettsäuren und Pflanzenharzen vor. Sojabohnen sowie Knoblauch, Getreidekörner, viele Gemüsesorten und Zitrusfrüchte sind die Hauptlieferanten von Terpenen. Zu den Derivaten der Terpene zählen Kampfer und Menthol. Man nimmt an, dass sie im Zusammenhang mit Krebs bereits in der Entstehungsphase wirksam werden können, indem sie Krebs verursachende Stoffe neutralisieren. Auch die Weiterentwicklung von Krebs könnte durch Terpene gehemmt werden.

Antioxidanzien, zu denen die in Sojabohnen enthaltenen Terpene zählen, schützen die Körperzellen vor Beschädigung durch die sogenannten freien Radikale. Freie Radikale sind chemisch hochaktive Moleküle, die entstehen, wenn eine Zelle ihre Nahrung mit Sauerstoff »verbrennt«. Sie verhalten sich wie Kanonen, rollen herum und beschädigen Zellen. Man vermutet, dass diese Beschädigung ein erster Schritt auf dem Weg zum Krebs ist. Es konnte gezeigt werden, dass der Schaden, den freie Radikale verursachen, auch von einer Reihe weiterer Pflanzenwirkstoffe in Obst, Gemüse und Hülsenfrüchten verhindert werden kann.

Nonnutritive Substanzen contra Krebs erregende Stoffe

Wissenschaftler nehmen an, dass die chemopräventiven Eigenschaften der Sojabohne auf »nonnutritionale« Substanzen zurückzuführen sind, die einst als unwichtig oder für die Gesundheit des Menschen sogar schädlich erachtet wurden.

Zu den Waffen, mit denen Krebs verhindert werden kann, gehören nach Aussage einer Reihe bekannter Forscher diejenigen sogenannten nonnutritiven Substanzen in Sojabohnen, die man »protease inhibitors« nennt. Sie kommen in den Fortpflanzungsteilen von Sojabohnen vor – aber auch in anderen Bohnensorten sowie in Reis und Kartoffeln.

Wissenschaftliche Studien haben ergeben, dass diese Stoffe fähig sein könnten, die Wirkung einer breiten Palette von Krebs erregenden Stoffen zu neutralisieren, von Strahlung und Hormonen bis hin zu hohen Dosen von Dieselabgasen. Damit wäre bereits die Einleitungsphase von Krebs umgangen. Das ist das erste Stadium der Krankheit, während dessen man einer Krebs erregenden Substanz ausgesetzt ist. In der zweiten, der Weiterentwicklungsphase, würden diese Substanzen erst wirksam werden und könnten das Wachstum von bösartigen Tumoren hervorrufen.

Pflanzliche Östrogene in der Sojabohne

Seit 1931 weiß man, dass Sojabohnen große Mengen zweier wichtiger Isoflavone, das sind pflanzliche Östrogene, enthalten: Genistein und Daidzein, pro einem Gramm Soja zwischen 100 und 300 Milligramm. Ein drittes pflanzliches Östrogen, Glyzetein, wurde 40 Jahre später entdeckt.

In der letzten Zeit sind Isoflavone in den Mittelpunkt des medizinischen Interesses gerückt: Neuen wissenschaftlichen Erkenntnissen zufolge sollen pflanzliche Östrogene der Entstehung und Entwicklung von Krebs vorbeugen.

Besonders von dem Pflanzenöstrogen Genistein findet man hohe Konzentrationen in Sojabohnen, Tofu, Sojamilch und Tempeh. Dieses Östrogen ist sonst in keinem anderen üblichen Nahrungsmittel enthalten.

Isoflavone in Soja		
Produkt mg/kg	Daidzein mg/kg	Genistein mg/kg
Sojabohnen (getrocknet)	1001,3	1022,7
Sojabohnen (frisch)	252,0	257,0
Sojamehl	654,7	1122,6
Tofu	113,4	166,4
Miso	79,0	177,0
Schwarze Sojabohnen (gekocht)	273,0	277,1
Bohnenpaste	272,0	224,0
Tempeh	273,0	245,0

In Laborexperimenten konnte gezeigt werden, dass Genistein sehr stark Krebs hemmend wirkt, da es unmittelbar die Entwicklung einer Vielzahl von Krebszellen beeinträchtigt. An der Universität Heidelberg wurde von Dr. Lothar Schweigerer nachgewiesen, dass Genistein das Wachstum neuer Blutgefäße, mit denen bösartige Geschwüre ernährt werden, blockiert. Indem Genistein diesen Ablauf verhindert, könnte es die Ausbreitung neuer Tumore über eine noch harmlose Größe hinaus stoppen. Dies könnte bei der Behandlung fester Tumore von Bedeutung sein, inklusive von Tumoren in der Brust, Prostata und im Gehirn. Dank einer finanziellen Förderung seitens des National Institute of Health wird Genistein derzeit mit Patienten erforscht, die an Brustkrebs, Prostatakrebs, Hautkrebs, Leukämie, und dem Kaposi-Sarkom (einem oftmals mit AIDS zusammenhängenden Krebs) leiden. Daidzein wird derzeit ebenfalls intensiv auf eine potenzielle Krebs vorbeugende Wirkung hin untersucht. Wie Genistein wird es von den Darmbakterien in eine Substanz, die dem menschlichen Östrogen ähnelt, umgewandelt.

Forscher in Heidelberg zeigten, dass das in der Sojabohne enthaltene Genistein das Wachstum der Blutgefäße, die Tumoren versorgen, blockiert. So könnte Genistein dazu beitragen, dass Tumore nicht über »harmlose« Größen hinaus wachsen.

Soja und Prostatakrebs

Forscher vermuten, dass der hohe Gehalt an pflanzlichen Östrogenen der Sojabohne das Wachstum von Prostatakrebs hemmt. Dadurch würden sich auch die niedrigen Sterberaten an Prostatakrebs in Ländern erklären lassen, in denen Soja zu den Hauptnahrungsmitteln zählt, wie z. B. Japan und Finnland. Untersuchungen haben ergeben, dass die Prostatakrebsrate bei japanischen Männern abrupt steigt, wenn sie für einige Jahre in die USA oder nach Europa gehen. Es wird angenommen, dass kleine Prostatatumore, die in Japan aufgrund des täglichen Konsums von Soja nicht wachsen konnten, nicht mehr gebremst werden, sobald auf westliche Nahrung umgestiegen wird.
Männer, in deren Familie häufig Prostatakrebs vorkam, oder denen eine Risikobereitschaft für Prostatakrebs diagnostiziert wurde sowie Männer, die bereits wegen Prostatakrebs behandelt worden sind, sollten Sojaprodukte in ihren täglichen Speiseplan mit aufnehmen. Diese Ernährungsform ist jedoch kein Ersatz für die ärztliche Behandlung.

Genistein ist das bedeutendste pflanzliche Östrogen zur Krankheitsbekämpfung. Es zeigt über die Krebsbekämpfung hinaus Wirkung bei rheumatischen Krankheiten sowie bei Diabetes und Psoriasis.

Um ein hohes Alter in voller Gesundheit zu erreichen, ist es notwendig, schon frühzeitig in seinem Leben mit einer gesunden Ernährung zu beginnen. Die asiatische Küche ist dafür besonders gut geeignet, da sie fettarme Zubereitungsformen mit nahrhaften Produkten pflegt.

Mit Faserstoffen gegen Darmkrebs

In einer Analyse, die 13 internationale Forschungsarbeiten zusammenfasst, wird bestätigt, dass bei einer hohen Zufuhr von faserreichen Nahrungsmitteln das Krebsrisiko für Dickdarm und Mastdarm verringert bis halbiert wird. Es gibt im Wesentlichen zwei Arten von Faserstoffen, lösliche und unlösliche; in Sojabohnen sind beide enthalten.

- Unlösliche Faserstoffe: Man nimmt an, dass unlösliche Faserstoffe die Masse des Darminhaltes vergrößern und die Dauer des Darmdurchgangs verkürzen. Schädliche Bakterien haben dadurch weniger Zeit sich festzusetzen.
- Lösliche Faserstoffe: Sie haben anscheinend die Fähigkeit, sich an Cholesterin und schädliche Hormone anzuhängen und damit die Ausscheidung dieser Substanzen zu beschleunigen. Darüber hinaus absorbieren sie Wasser, erhöhen den Wassergehalt und damit das Volumen des Stuhls. Dadurch könnte weiterhin die Konzentration derjenigen Chemikalien herabgesetzt werden, die möglicherweise Entzündungen und/oder Krebs hervorrufen. Außerdem tragen diese Faserstoffe zu einem sauren Milieu bei, das verhindert, dass potenziell schädliche Gallensäfte in den Kreislauf gelangen, von denen man annimmt, dass sie eine Rolle bei der Entstehung von Darmkrebs spielen.

In den USA sterben jährlich etwa 60 000 Menschen an Dickdarmkrebs. Untersuchungen zeigen, dass in Ländern mit niedrigeren Sterberaten die Ernährung faser- und ballaststoffreicher ist.

Wenn Sie nach dem Verzehr von Soja unter Blähungen leiden, müssen Sie auf diese faserreiche Ernährung nicht verzichten. Die Ursache der Blähungen liegt darin, dass nicht jeder Mensch die komplexen Zucker von Hülsenfrüchten abbauen kann. Diese Zucker werden im Darmkanal von Darmbakterien fermentiert, die dabei Gas produzieren. Dieser Effekt lässt sich jedoch bei der Zubereitung verhindern: Bevor die Bohnen gegart werden, sollten sie nach einer kurzen Ankochzeit vier bis sechs Stunden eingeweicht gewesen sein. Einer gesunden Sojakost steht damit nichts mehr im Weg.

Die Wirkung von Soja auf den weiblichen Hormonhaushalt

Dass die Pflanzenöstrogene der Sojabohne im weiblichen Körper wirken, ist u.a. vom Alter der Frau abhängig. Bei Frauen vor der Menopause zeigen sich relativ wenig Reaktionen. Bei Frauen nach dem Klimakterium können sich die pflanzlichen Hormone leichter entfalten, da die Produktion körpereigener Östrogene um ca. 60 Prozent gesunken ist. Die Hormone aus der Sojapflanze erhöhen dann die Gesamtmenge an Östrogen im weiblichen Organismus. In Studien konnte nachgewiesen werden, dass japanische Frauen, die sich in hohem Maß mit natürlicher Sojanahrung versorgen, weniger klimakterische Beschwerden und seltener Brustkrebs haben als Frauen in westlichen Ländern.

Männer nehmen die Angebote der Gesundheitsvorsorge seltener in Anspruch als Frauen. Dies ist ein entscheidender Grund dafür, dass sie häufiger an Krebserkrankungen leiden und früher Krankheiten der Herzkranzgefäße bekommen.

Männer, Medizin und Soja

Es sind überwiegend Männer, die ein großes Interesse an der Sojaforschung zeigen. Was die Gesundheitsvorsorge betrifft, sind sie jedoch gegenüber den Frauen im Hintertreffen. Deswegen ist es nicht verwunderlich, dass in der westlichen Welt Männer früher als Frauen sterben. Im Alter von 65 Jahren beispielsweise beträgt die zahlenmäßige Überlegenheit der Frauen über die Männer drei zu zwei, im Alter von 85 fünf zu zwei. Wie sieht es in Japan aus, wo die Männer etwa 50-mal mehr Sojaprodukte zu sich nehmen? Japanische Männer haben mit die höchste Lebenserwartung in der Welt. Sie liegt laut UN-Statistik durchschnittlich bei 82,5 Jahren, während sie in Deutschland nur etwa 70 Jahre beträgt. Zwar behauptet niemand, dass dies nur wegen des Sojas in der japanischen Ernährung so sei, das spielt jedoch sicher eine entscheidende Rolle.

Soja – natürliche Hilfe bei Cholesterinerkrankung

Dem italienischen Wissenschaftler Dr. med. Cesare R. Sirtori gelang es 1971 sowohl bei Kindern als auch bei Erwachsenen, Cholesterin und Blutfette durch Sojaeiweiß zu senken. An der Universität von Mailand wurden 1000 Patienten mit einer speziellen Sojakost ernährt. Die Cholesterinwerte sanken um 8 bis 25 Prozent. Dr. Sirtori behauptet, dass die Ernährung mit Sojaeiweiß Herzkranzgefäßerkrankungen nicht nur stoppt, sondern bis zu einem gewissen Ausmaß auch rückgängig macht. Soja sei außerdem nachweislich in der Lage, die Wirkung einer fettreichen Ernährungsweise sogar zu neutralisieren. Als Dr. Sirtori 500 Milligramm Cho-

Wissenswertes über Cholesterin

- Cholesterin ist eine fettähnliche, wächserne Substanz, die hauptsächlich über tierische Nahrung aufgenommen wird. Etwa 1000 Milligramm werden täglich im Körper, vor allem in der Leber, produziert.
- Cholesterin ist unerlässlich für die Zellteilung und für die Produktion bestimmter Hormone. Es wird als Verbindung aus Fett und Eiweißen, den Lipoproteinen, im Körper transportiert. Lipoproteine sind flache, diskusähnliche Teilchen, die in Leber und Darm synthetisiert und dann in den Blutstrom entlassen werden. Man unterteilt sie in high-density lipoproteins (HDL) und low-density lipoproteins (LDL). LDL transportiert das Cholesterin. Ist zu viel Cholesterin vorhanden, lagert sich die überschüssige LDL-Cholesterin-Verbindung an den Arterienwänden ab. Das HDL, das »gute« Cholesterin, hingegen nimmt überschüssiges Cholesterin auf und transportiert es in die Leber, wo es zu Gallensäure verarbeitet wird.

Cholesterin ist eine fettähnliche chemische Verbindung, die sowohl in tierischen Geweben als auch in Nahrungsmitteln tierischen Ursprungs – wie Vollmilchprodukten und Eigelb – zu finden ist. Cholesterin wird jedoch nicht nur mit der Nahrung aufgenommen, sondern auch im Körper produziert.

lesterin – das entspricht in etwa dem Cholesteringehalt von zwei Eiern – der Patientennahrung hinzufügte, überwanden die Sojabohnen offensichtlich das Cholesterin erhöhende Potenzial der Eier und hielten den Cholesterinspiegel auf niedrigem Niveau. Nachdem das Blutcholesterin gesunken war, kehrten die Patienten zu ihrer normalen Ernährungsweise zurück. Jedoch ersetzten sie sechsmal pro Woche eine Mahlzeit durch ein Sojagericht; in den beiden folgenden Versuchsjahren blieb ihr Cholesterinspiegel stabil.

Fettsäuren sind die chemischen Grundbausteine der Fette. Abhängig davon, wie viel Wasserstoffatome sie enthalten, können sie gesättigt, einfach ungesättigt oder mehrfach ungesättigt sein. Mehrfach ungesättigte Fettsäuren, hauptsächlich in Pflanzenfett enthalten, haben die Eigenschaft, den Blutcholesterinspiegel zu senken. Hingegen erhöhen gesättigte Fettsäuren, vor allem aus Fleisch und Milchprodukten, in der Regel den Cholesterinspiegel.

Wie Soja den Cholesterinspiegel senkt

Welche Inhaltsstoffe der Sojabohne den Cholesterinspiegel senken, und ob diese vielleicht noch andere positive Wirkungen auf Herz und Arterien haben, kann noch nicht genau gesagt werden. Forscher nehmen an, dass eine ganze Anzahl von Substanzen aus der Bohne infrage kommen, denen diese Eigenschaft zugeschrieben werden kann. Mit Sicherheit sind es vor allem die sogenannten löslichen Fasern der Sojabohne, die durch den Dünndarm wandern und so die Aufnahme und den Stoffwechsel des Cholesterins beeinflussen. Hinzu kommen:

- Ungesättigte Fettsäuren: Über 62 Prozent des Öls in Sojabohnen besteht aus mehrfach ungesättigten Fettsäuren. In erster Linie wird diesen Säuren eine stabilisierende Wirkung auf den Cholesterinspiegel nachgesagt. 23 Prozent der in Soja enthaltenen Fettsäuren sind einfach ungesättigt, erhöhen entgegen dem Regelfall das Cholesterin jedoch nicht, wie neueste Untersuchungen zeigen.
- Omega-3-Fettsäuren: Sojabohnen sind eine besonders gute Quelle von Omega-3-Fettsäuren. Omega-3 ist die Substanz, die in hohen Dosen auch in Fischen vorkommt und die dafür verantwortlich gemacht wird, dass Eskimos trotz ihrer fettreichen Nahrung so gut wie keine Herzbeschwerden haben.

- Lezithin und Vitamin E: Sojabohnen sind der Hauptlieferant für pflanzliches Lezithin; darüber hinaus enthalten sie auch kleine Mengen des wertvollen Vitamin E. Sowohl Lezithin als auch Vitamin E sind natürliche Antioxidanzien, die von der Volksmedizin seit langem dazu genutzt werden, den Cholesterinspiegel zu senken. Wichtig dabei ist zu beachten, dass beide Stoffe aus einer natürlichen Quelle stammen sollten. Sie können vom Körper besser aufgenommen und verarbeitet werden als chemisch hergestellte.
- Saponine: Der Saponingehalt von Sojaprodukten liegt bei 0,3 bis 0,4 Prozent. Saponine sind natürliche Glykoside, die die Senkung des Cholesterinspiegels wahrscheinlich dadurch bewirken, dass sie entweder die Cholesterinaufnahme behindern oder die Cholesterinausscheidung beschleunigen.
- Phytosterine: Phytosterine sind pflanzliche Alkohole von geringer Giftigkeit. Die meisten Studien an Menschen und Tieren zeigen, dass Phytosterine den Blutcholesterinspiegel senken. Wie von den pflanzlichen Östrogenen nimmt man auch von den Phytosterinen an, dass sie mit dem Cholesterin im Darm um die Resorption wetteifern, was zu einem Abfall des Cholesterinspiegels führt (bis zu 40 Prozent, wie Untersuchungen aus den siebziger Jahren aufzeigen).

Die Wirkung von Soja bei Diabetes

Aus Untersuchungen ist bekannt, dass Hülsenfrüchte wie z. B. Sojabohnen offenbar langsam verdaut werden und so zu einer geringeren Zunahme des Blutzuckers führen. Das Problem dabei ist nur, dass Hülsenfrüchte auch Stärke enthalten, die von Diabetikern wegen des Mangels an Insulin im Körper schlecht bis gar nicht verdaut werden kann. Sojabohnen enthalten jedoch keine nennenswerten Mengen an Stärke und eignen sich deshalb auch zur diabetischen Ernährungsweise. Langzeitstudien zeigten, dass die Ballaststoffe der So-

Diabetes entsteht, wenn der Körper nicht in der Lage ist, Insulin zu produzieren oder zu verarbeiten. Insulin wird benötigt, um Zucker und Stärke in Energie umzuwandeln. Diabetes führt häufig zu Bluthochdruck und erhöht das Risiko von Herz- und Schlaganfällen.

jabohnen in der Lage sind, den Blutzuckerspiegel konstant zu halten. Es ist sicher einen Versuch wert, in den Ernährungsplan ganze, gekochte Sojabohnen mit aufzunehmen. Gemahlene, pürierte und entsaftete Nahrungsmittel begünstigen hingegen das Ansteigen der Blutzuckerwerte.

Gesunde Ernährung mit Soja

Die Bedeutung der Sojabohne für die menschliche Ernährung ist vergleichbar mit der von Weizen und Reis. Trotzdem fallen hierzulande den meisten beim Stichwort »Soja« nur die dunkle Gewürzsauce oder die Sprossen im Chinarestaurant ein. Oder man meint, das sei nur etwas für Vegetarier oder höchstens als Viehfutter zu gebrauchen.
Im Fernen Osten, in Regionen mit großer Bevölkerungsdichte, hat Soja seit Jahrhunderten das Überleben gesichert. Wie in Europa Getreide zu Mehl und Brot und Milch zu Käse und Butter verarbeitet werden, so wurden dort schon früh wirksame Methoden entwickelt, die die Bohnen nicht nur leichter verdaulich, sondern auch in der Zubereitung abwechslungsreicher und schmackhafter werden ließen. In diesem Sojakochbuch sind sowohl die traditionellen Sojaspeisen des Ostens als auch die modernen des Westens aufgeführt.

Obwohl Sojabohnen häufig nur eine Assoziation mit der bekannten dunklen Gewürzsauce hervorrufen, sind sie ein besonders hochwertiges Lebensmittel. Eine nicht zu erwartende Bandbreite schmackhafter Gerichte lässt sich mit ihnen zubereiten.

Vernünftiger Umgang mit Soja

Gerade in eine – glücklicherweise – heute wieder stärker gefragte Ernährung mit naturbelassenen Produkten passt die Sojabohne vorzüglich. Aber ganz gleich, welche Ernährungsrichtung bevorzugt wird, Soja ist eine wichtige Bereicherung. Sehr vereinzelt kann Soja jedoch zu allergischen Reaktionen führen. Und wie bei jedem anderen Nahrungs- oder Heilmittel kann es nach überzogenem Konsum unerwünschte Nebenwirkungen geben.

Wobei Sie bei Sojakost achten sollten

- Ungekochte Sojabohnen sind nicht zum Verzehr geeignet.
- Obwohl Soja viel Kalzium, B-Vitamine und Eiweiß enthält, könnte es die Absorption mancher Nährstoffe wie Zink oder Eisen hemmen. Deshalb sollte man sicher stellen, dass die übrige Nahrung genügende Mengen davon enthält.
- Sojabohnen enthalten viel Tyramin, ein Abbauprodukt aromatischer Aminosäuren. Wenn Sie unter Bluthochdruck leiden oder Antidepressiva einnehmen und gleichzeitig Ihre Sojazufuhr drastisch erhöhen, sollten Sie dies auf alle Fälle mit Ihrem Arzt abklären.
- Personen, die sich im Rahmen einer Diät kalzium-, ballaststoff-, eiweiß- oder purinarm ernähren, sollten eine Umstellung zu Sojakost ebenfalls mit ihrem Arzt besprechen.
- Wenn Sie zu Blähungen neigen, sollten Sie die Bohnen mit Wasser bedeckt drei Minuten lang kochen und dann vier bis sechs Stunden einweichen. Danach noch einmal mit frischem Wasser bedecken und langsam garen. Vor dem Servieren das Wasser abgießen.

Soja passt nicht nur zur Vollwerternährung, sondern ist auch hervorragend in einen herkömmlichen Speiseplan integrierbar. Dabei stellt es vom ökologischen Aspekt aus betrachtet eine spannende Alternative zu anderen Produkten dar.

Katholische Missionswerke auf den Philippinen fördern den Anbau von Soja, um Männern auf dem Feld und Frauen in der Verarbeitung Arbeitsplätze zu sichern. Und der Absatz der Produkte ist garantiert.

Warenkunde und Einkauftips

Kaufen Sie Ihre Sojaprodukte nach Möglichkeit in Reformhäusern und Bioläden – dann können Sie versichert sein, dass das Produkt tatsächlich ohne chemische Zusätze hergestellt wurde.

Sojabohnen sind vor allem im Reformhaus und Bioladen erhältlich, wobei die gelben Bohnen bevorzugt gekauft werden. Der Preis pro Kilogramm liegt zwischen 5,- und 6,- DM.

Führer durch das Reich der Bohne

Es gibt viele verschiedene Arten von Sojabohnen, aus denen man köstliche Mahlzeiten zaubern kann. Sie sind überwiegend im Reformhaus und Bioladen erhältlich, man kann sie auch beim Türken nebenan, im Asienladen oder sogar im Supermarkt finden. Achten Sie jedoch stets auf die Herkunft der Ware. Alle Verbraucher, die keine genmanipulierte Ware untergejubelt bekommen wollen, sollten nur Produkte aus kontrolliert biologischem Anbau kaufen.

Die gelbe Sojabohne

Sie ist die bekannteste und am meisten konsumierte Hülsenfrucht. Für eifrige Sojabohnenverbraucher ist es ratsam, einen größeren Vorrat zu bestellen. Dabei sollte sicher gestellt sein, dass die Bohnen aus der letzten Ernte sind. Nach einem Jahr beginnen die Sojabohnen nämlich ihren Eiweißgehalt einzubüßen. Die Bohnen sollten am besten in Papier- oder Jutesäcken kühl und dunkel gelagert werden.
Im Reformhaus gibt es auch tafelfertig gekochte Sojabohnen in Dosen. Sie enthalten nicht mehr so viel Vitamin B. Da die B-Vitamine wasserlöslich sind, kann man sie retten, indem man die Dosenflüssigkeit beim Kochen mit verwendet.

Die schwarze Sojabohne

Sie hat den höchsten Fettanteil aller Sojabohnenarten und ist die süßeste ihrer Gattung, ihr Geschmack ist eher nussartig. Schwarze Bohnen haben eine harte Schale und sollten deshalb lange eingeweicht werden. Das Aroma dieser Bohne entfaltet sich am besten durch langsames Köcheln oder Garen in der Wärmekiste. Beim Kochen geben sie ihre intensive Farbe ab, d.h. sie eignen sich für das Färben bestimmter Mahlzeiten. Kochen mit Dampfdruck ist nicht zu empfehlen.

Die grüne, ungeschälte Mungbohne

Diese Bohne ist noch kleiner als die gelbe Sojabohne und ideal zum Keimen. Die Sprossen sind sehr preisgünstig in Supermärkten und Asienläden zu bekommen. Wer sie sich selbst ziehen will, kauft das Ausgangsmaterial am besten im Bioladen oder Reformhaus, um sicher zu stellen, dass es nicht belastet ist. Da die kleinen »Grünen« wesentlich schneller garen als die gelben Sojabohnen, eignen sie sich hervorragend für typisch indische Gerichte oder für chinesische Süßspeisen.

Die schwarzen und grünen Sojabohnen eignen sich ebenso für Süßspeisen wie die Azukibohne. Diese gilt in östlichen Ländern auch als Heilmittel bei Nierenerkrankungen.

Die geschälte Mungbohne

Sie ist von honiggelber Farbe und ohne vorheriges Einweichen in etwa 20 Minuten gar. Mit Reis zusammen gekocht, ist diese Bohne in Indien ein Allheilmittel für Krankheiten jeder Art. Die gemahlene Bohne wird dort auch für Süßspeisen verwendet, was diese Desserts allerdings etwas schwer verdaulich macht.

Die Azuki- oder Adukibohne

Diese Sojasorte hat ovale, kleine, dunkelrote Bohnen, die in der Form und Garzeit der Mungbohne ähneln. Sie wird überwiegend gekocht verzehrt, kann jedoch auch zum Keimen verwendet werden. Sie behält ihre intensive Farbe auch noch nach dem Kochen und wird daher zum »Einfärben« von Speisen oder als Farbtupfer bei einem Gericht benutzt. Im Fernen Osten gilt sie als Heilmittel bei Nierenkrankheiten und wird wegen ihrer leicht süßlichen Geschmacksnote gerne zu Süßspeisen verarbeitet.

Das Lexikon der Sojaprodukte

Neben der kleinen Gruppe der »echten« Sojaprodukte, die für jeden erkennbar aus Sojabohnen gewonnen werden, gibt es ca. 3 000 Lebensmittel, in denen Soja ohne Kennzeichnung enthalten ist.
Sojaerzeugnisse, die auch als solche erkennbar sind, erhalten Sie im Reformhaus oder im Bioladen. Dort können Sie auch sicher sein, dass die Ware aus kontrolliertem Anbau stammt und nicht gentechnisch manipuliert ist.

Es gibt auch hellgelbe Misosorten wie Shiro Miso, die hier jedoch nur selten angeboten werden. Shiro Miso setzt sich aus geschältem Reis, Wasser, Sojabohnen, Meersalz und dem Koji-Ferment zusammen. 400 Gramm kosten ca. 16,- DM, einfaches Miso der gleichen Menge ist hingegen bereits für 7,- bis 8,- DM erhältlich.

Miso

Miso ist eine eiweißreiche, fermentierte, salzhaltige Sojapaste. Sojabohnen werden pur, mit Reis oder Gerste gemischt mit einem Pilz geimpft, in Salz eingelegt und in Holzfässern mindestens zehn Monate bis zu einigen Jahren gelagert und gereift. Bei diesem Fermentationsprozess entstehen viele Enzyme, Bakterien, Hefen und Schimmelpilze, die von hohem gesundheitlichen Nutzen sind. Zudem enthält Miso Spuren von Vitamin B12 und hilft, Gifte im Körper an sich zu binden und auszuscheiden. »Die braune Butter Japans«, wie Miso auch genannt wird, ist als Nahrungsmittel in Suppen und Saucen ebenso wie als Aufstrich universell einsetzbar. Je dunkler ein Miso ist, desto länger dauerte der Fermentationsprozess. Die dunklen Sorten können auch außerhalb des Kühlschrankes eine längere Zeit aufbewahrt werden.

Miso war alten Aufzeichnungen zufolge bereits vor 2 500 Jahren in China bekannt. Im 7. Jahrhundert wurde die Sojapaste von buddhistischen Priestern nach Japan gebracht, wo verschiedene Rezepte entwickelt wurden.

Okara

Als Okara wird der Rückstand bei der Herstellung von Sojamilch bezeichnet. Diese Kleie besteht aus wertvollen Fasern und Ballaststoffen. Bei nicht enthülsten Sojabohnen ist die Okara noch ballaststoffreicher, was ihre verdauungsfördernde Wirkung steigert. Okara ist eine gute Eiweiß- und Mine-

Frischer Tofu wird zu Blöcken gepresst und dann in feuchte Tücher eingeschlagen. Frischen Tofu sollte man mit kaltem Wasser bedeckt im Kühlschrank aufbewahren.

ralstoffquelle und eignet sich hervorragend für Bratlinge, Aufläufe, als Paniermehl, zum Andicken von Suppen und Saucen, zum Kuchenbacken und sogar als Getreidekaffee.

Sojaflocken

Als Nebenprodukt der Ölgewinnung bleibt eine fettarme Masse zurück, die u. a. zu Sojaflocken verarbeitet wird. Sojaflocken eignen sich zum Binden von Suppen und Saucen, wobei zu beachten ist, dass sie erst nach dem Kochen beigefügt werden sollten. Zum Aufwerten eiweißarmer Nahrung und zum Binden für Bratlinge sowie in der Kinderernährung sind sie eine wertvolle Hilfe.

Sojagen

Hinter diesem Begriff verbirgt sich ein Sojatrockenmilchpulver, das in keinem Haushalt fehlen sollte. Mit diesem Produkt hat man auch immer dann Sojamilch zur Hand, wenn es

Sojakleie, Okara genannt, sowie der Rahm der Sojamilch, Yuba, sind sehr eiweißhaltig und zur Verfeinerung vieler Gerichte zu empfehlen. Sojatrockenmilchpulver, Sojagen, kann vor allem dann verwendet werden, wenn nur eine kleine Menge Milch benötigt wird.

100 Gramm Sojagen enthalten	
Vitamin E	11,0 mg
Vitamin B2	5,5 mg
Vitamin B1	2,1 mg
Vitamin B12	5,0 µg
Eiweiß	25,0 g
Kohlenhydrate	47,9 g
Fett	25,5 g
Kalzium	420,0 mg

Sojagen ist gerade in der Vegankost unentbehrlich; es leistet jedoch auch bei anderen Ernährungsformen dem Körper gute Dienste. Sie erhalten Sojagen in Reformhäusern. Dort kosten 300 Gramm ca. 8,50 DM – diese Menge entspricht zwei Litern Sojamilch.

sich nicht lohnt, eine Packung Sojamilch zu öffnen, z. B. für kleine Mengen zur Verfeinerung von Saucen oder als Milchersatz zum Kaffee. Sojagen gibt allen Speisen eine cremige Konsistenz, ohne sie allzu sehr mit Fett anzureichern, dafür liefert es wertvolle Nährstoffe. Es wird überall dort eingesetzt, wo man üblicherweise Milchprodukte verwendet. Auch in der Kinder- und Seniorenernährung ist es unentbehrlich. Für Babys sollte allerdings nur spezielle Flaschennahrung verwendet werden. Wenn auch sehr praktisch im Einsatz und wertvoll für die Ernährung, ganz billig ist Sojatrockenmilch nicht: Sie ist fast doppelt so teuer wie abgepackte Sojamilch.

Sojakerne

Sojakerne gibt es in zwei unterschiedlichen Darreichungsformen: als ganze Bohnen, die in der Schale geröstet wurden und daher neben wertvollem Sojaeiweiß und -lezithin auch noch Ballaststoffe enthalten, oder als enthülste, halbierte und getoastete Sojabohnen, die sich durch sehr leichte Verdaulichkeit auszeichnen. Sojakerne sind ein gesunder Knabberspaß ohne Salz und ideal als Reiseproviant oder für den kleinen Hunger zwischendurch.

Sojalezithin

Sojalezithin ist leider wenig bekannt und wird nur selten verwendet. Dabei ist es für eine gesunde Ernährung so wichtig: Lezithin stärkt das Nervensystem, fördert die Leistungskraft und Konzentration. Es wird deshalb als Nahrungsergänzung bei allgemeiner Überlastung, Stress und Anspannung empfohlen. Außerdem wirkt sich Sojalezithin günstig auf den Fettstoffwechsel und Blutfettspiegel aus. Sojalezithin ist in Pulverform oder granuliert im Reformhaus oder im Bioladen erhältlich. Es hat einen milden, cremigen, leicht nussartigen Geschmack, der gut mit anderen Geschmacksstoffen harmoniert. Zudem ist es ein ideales Bindemittel für Brot, Brötchen, Kuchen und Gebäcke ohne Ei sowie für Pizzas. Es ist sehr ergiebig, fünf Gramm pro Kilogramm Mehl genügen. Nach dem Öffnen sollte Sojalezithin gekühlt gelagert werden.

Sojalezithin, flüssig

Sojalezithin ist fast doppelt so ergiebig wie das oben beschriebene Granulat. Sein wichtigster Vorzug ist seine Naturbelassenheit. Es ist ungebleicht und wird auch keinem weiteren Verarbeitungsprozess unterzogen, deshalb ist es dem Granulat vorzuziehen. Bereits ein Esslöffel liefert 30 Prozent des Tagesbedarfs an Phosphor, das für den Aufbau und Erhalt der Knochen erforderlich ist. Zudem erhält die gleiche Menge 450 Milliliter Cholin und 250 Milliliter Inositol – Schutzstoffe für Nerven, Nieren, Darm. Leider kann es in Deutschland zur Zeit nur im Versand (siehe Quellennachweis Seite 95) bezogen werden.

Sojalezithin stärkt nicht nur das Nervensystem und fördert die Leistungskraft, sondern ist wegen seines milden, cremigen Geschmacks beim Kochen vielfältig einsetzbar. Besonders Frauen in reiferen Jahren sollten täglich ein bis vier Esslöffel Sojalezithin flüssig einnehmen, da es vor allem die Inhaltsstoffe Eisen, Vitamin E und Magnesium enthält, die für Gehirn, Nerven, Haare, Muskeln und Knochen von großer Wichtigkeit sind.

Sojamark

Sojamark hat das strukturierte Sojaprotein (TVP) abgelöst. Es ist ein hochwertiges Produkt, das auf schonende und aufwendige Art aus Eiweißisolaten hergestellt und mit anderen Stoffen zu Fleischersatzprodukten verarbeitet wird.

Bei der Brotherstellung können dem Getreide bis zu 20 Prozent Sojamehl hinzugefügt werden. Der Preis von einem Pfund Vollfettmehl beträgt etwa 4,50 DM.

Sojamehl

Sojamehl ist eine hervorragende Eiweißquelle, die sich durch besonders leichte Aufnahme auszeichnet. Es sind zwei Sorten im Handel, das entfettete und vollfette Sojamehl. Das Vollfettmehl ist aus der ganzen Bohne fein gemahlen, nachdem diese von der Schale befreit und zur Neutralisierung und Entbitterung für etwa 30 Minuten leicht geröstet wurde. Durch den hohen Fettanteil ist dieses Mehl nur begrenzt haltbar, es sollte kühl und trocken gelagert werden. Das entfettete Sojamehl ist ein Nebenprodukt der Ölgewinnung. Die zurückgebliebenen Flocken werden fein zu Mehl gemahlen. Sojamehl ist ein ideales Bindemittel für Suppen und Saucen. Beim Backen von Kuchen und Torten genügt meist ein gehäufter Esslöffel Sojamehl als Eiersatz.

Sojamilch

Sojamilch ist nicht nur bei Milchallergie eine wertvolle Alternative, denn die Produktvielfalt reicht von Sojasahne über gesalzene oder süße Milch bis hin zum Milchshake.

Die Auswahl von abgepackter Sojamilch und Sojasahne wird immer größer. Das Sortiment reicht von leicht gesalzener Sojamilch bis zur gesüßten, oder mit Kalzium und Kalium angereicherten Sojamilch. Auch diverse Milchshakes sind im Angebot. Sojamilch wird inzwischen nicht nur von Menschen mit Milchallergie gerne angenommen, sondern auch von Veganern, die aus tierschützerischen Gründen Kuhmilch ablehnen. Sie erinnert nicht nur im Aussehen an Kuhmilch, sondern hat auch eine ähnliche Zusammensetzung, natürlich ohne die negativen Auswirkungen der Tiermast. Für Baby-

nahrung sollte nur Sojamilch verwendet werden, die aus enthülsten Sojabohnen hergestellt wurde.
Die Sojamilch im Lebensmittelgeschäft kostet übrigens fast genau so viel wie die Sojamilch aus kontrolliert biologischem Anbau im Bioladen und Reformhaus. Mit ein wenig Routine lässt sich die Sojamilch mit geringem Zeitaufwand auch selbst herstellen. Das ist wesentlich billiger und liefert zudem noch wertvolle Nebenprodukte wie Okara und Yuba.

Sojaöl

Sojaöl entsteht durch das Auspressen von Sojabohnen. Das Öl wird durch einen Erhitzungsprozess entbittert und so geschmacksneutral gemacht. Durch den hohen Anteil an lebenswichtigen ungesättigten Fettsäuren ist es ein wertvolles Öl für eine ausgewogene Ernährung. Sojaöl liegt mit einem Marktanteil von fast 40 Prozent mit Abstand auf dem ersten Platz der Weltrangliste der meistgebrauchten Öle. Obwohl

Zur Herstellung von Sojaöl werden in der Regel chemisch behandelte Bohnen aus traditionellem Anbau verwendet. Deshalb lehnen viele Ernährungsbewusste Sojaöl eher ab.

Sojaeiweiß im Überblick

- Sojaeiweißkonzentrat: Dabei handelt es sich um Sojaflocken, denen die löslichen Kohlenhydrate und das Restöl entzogen wurden. Das Konzentrat wird hauptsächlich zur Anreicherung von Speisen und zum Binden von Saucen und Suppen verwendet.
- Sojaeiweißisolate: Darunter versteht man Sojaprodukte, denen alle Nichteiweißstoffe entzogen wurden. Dieses Pulver ist mit seinem extrem hohen Eiweißgehalt von mindestens 90 Prozent der wichtigste Bestandteil von Aufbau- und Sportlernahrung.
- Sojaeiweißfasern: Diese Fasern werden aus Sojaeiweißisolaten hergestellt und mit Zusatzstoffen zu Fleischersatzprodukten verarbeitet. Der aufwendige Herstellungsprozess macht sie relativ teuer.

Sojamark statt Fleisch

- Sojasteakli: Die Steakli sind etwa handtellergroße Stücke aus Sojamark, die meist zu Schnitzel verarbeitet werden. Sie haben eine lange Einweichzeit, ca. 60 Minuten, jedoch eine kurze Garzeit, wie alle Sojatrockenprodukte. Sie sind aufgequollen ca. zwei bis drei Zentimeter dick. Wer hauchdünne Schnitzel liebt, schneidet sie noch einmal durch, um sie entsprechend zu verarbeiten.
- Sojawürfel: Die Würfel bestehen aus Sojamark und werden für alle Gerichte, zu denen gewürfeltes Fleisch benötigt wird, verwendet. Sie werden 25 Minuten in heißer Gemüsebrühe eingeweicht und quellen um die dreifache Menge auf. Danach können sie als köstliche Spieße, Gulasch, Sauerbraten, Eintöpfe oder Ragouts zubereitet werden.
- Sojagranulat: Das Granulat wird aus zerkleinertem Sojamark hergestellt und besteht aus ca. 50 Prozent Eiweiß. Es ist mit Abstand der am meisten verwendete Fleischersatz. Sojagranulat kommt überall dort zum Einsatz, wo Hackfleisch benötigt wird, z. B. für Bratlinge, Ragouts oder Gemüsefüllungen. Die Einweichzeit beträgt nur zehn Minuten. In Suppen und Saucen kann es sogar trocken eingerührt werden und braucht nur noch fünf Minuten gekocht zu werden.

Sojasteaklis, ein begehrtes Fleischersatzprodukt, können auch ganz einfach wie Cordon bleu zubereitet werden, beispielsweise mit Räucherkäse oder -tofu.

es in so vielen Lebensmitteln verwendet wird, ist es oft schwierig, reines Sojaöl zu finden. Nur bei den Reformwaren ist Sojaöl als solches bezeichnet, ansonsten wird es häufig durch den Begriff »reines Pflanzenöl« umschrieben.

Sojaprotein

Strukturiertes Sojaprotein (TVP) ist im Handel besser unter dem einfachen Begriff »Sojafleisch« bekannt. Sojafleisch ist mit einem Gehalt von über 50 Prozent sehr eiweißreich. Es wird aus Sojamehl und mittels chemischer Trennmittel gewonnen. Dieses Sojaprodukt ist in Deutschland so gut wie vom Markt verschwunden, da der Einsatz von Chemie bei seiner Herstellung von den meisten gesundheitsbewussten Verbrauchern abgelehnt wird.

Sojasauce

Es gibt zwei Arten von Sojasaucen, die sich für eine gesundheitsbewusste Ernährung eignen: Tamari wird nur aus Soja und Salz hergestellt. Sie war ursprünglich nichts anderes als die Flüssigkeit, die sich bei der Misoherstellung absetzte. Durch Beigabe von geröstetem Weizen wurde diese Sauce dann später verfeinert. Daraus entstand dann Shoyu, das neutraler im Aroma ist, während Tamari eher streng schmeckt.
Beim Kauf von Sojasaucen sollte darauf geachtet werden, dass sie einen langsamen Fermentationsprozess hinter sich haben. Es sind verschiedene Sojasaucen auf dem Markt, die in Schnellverfahren produziert werden und mit Farb- und Aromastoffen versetzt sind. Ausgangsprodukt sind in diesem Fall auch keine ganzen Bohnen, sondern entfettetes Sojamehl. Es hat einen wesentlich geringeren gesundheitlichen Nutzen; zudem ist nicht mehr nachvollziehbar, woher der Lebensmittelrohstoff stammt. Also auch bei Sojasaucen auf Bioqualität achten!

Auch bei Sojasaucen sollte der gesundheitsbewusste Käufer auf Bioqualität achten, da viele Sojasaucen inzwischen in einem Schnellverfahren hergestellt werden.

Sojasprossen

Sojasprossen sind mit ihren vielen Mineralstoffen und Vitaminen echte Powerpakete. Dabei sind sie auch noch kalorienarm: Sie enthalten weniger Kalorien pro Gramm Eiweiß als irgendein anderes Gemüse, dafür 13 Milligramm Vitamin C pro 100 Gramm Sprossen. Sojasprossen sind ein Muss in der chinesischen Küche. Sie können aber auch einfach als Brotbelag oder für frische Salate verwendet werden.

Nährstoffe in Tofu	
Kilokalorien	100,0/g
Eiweiß	11,0/g
Kohlenhydrate	2,5/g
Fett, gesamt	5,0/g
Gesättigte Fettsäuren	1,0/g
Cholesterin	0,0/g
Natrium	8,0/g
Ballaststoffe	0,8/g
Kalzium	120,0/g
Eisen	7,0/g

Tempeh

Tempeh, der sogenannte Sojabrie, lässt sich aus allen Bohnenarten herstellen, manchmal wird Reis und Getreide hinzugefügt. Bei hohem Nährstoffgehalt ist er sehr kalorienarm.

Auf dem deutschen Markt führt der »Sojabrie« noch ein kärgliches Schattendasein. Dabei ist er eine unschätzbare Quelle für Nährstoffe bei niedriger Kalorienzahl. Was Tofu für China und Japan, ist Tempeh seit Jahrhunderten für Indonesien. Er wird üblicherweise aus Sojabohnen, manchmal auch in Verbindung mit Reis oder anderem Getreide hergestellt. Die Sojabohnen werden geschält, halbiert und angekocht, bevor sie mit Essig und einem Edelschimmelpilz geimpft werden. In einem natürlichen Fermentationsprozess von etwa 25 bis 30 Stunden wächst dann bei etwa 330 °C ein fester Block heran, der eine gewisse Ähnlichkeit mit Briekäse oder Camembert hat. 100 Gramm Tempeh enthalten nur 157 Kilokalorien, dafür 20 Gramm Eiweiß. Bei Soja-Weizen-Tempeh liegt der Eiweißanteil sogar bei 33 Gramm. Tempeh enthält mehr Vitamin B2, B3 und B6 als rohe Sojabohnen. Zudem hat er einen relativ hohen Anteil an Vitamin B12.

Tofu

Tofu ist der Sojaquark oder -käse, der aus Sojamilch gewonnen wird. Durch Zugabe eines Gerinnungsmittels wird Sojamilch zum Ausflocken gebracht. Die Eiweißflocken werden dann zu Tofu gepresst. Tofu ist eine hervorragende, leicht verdauliche Proteinquelle. Er weist eine geringe Kalorienmenge im Verhältnis zur Eiweißverwertung auf. Deshalb wird er auch »das Fleisch des Feldes« genannt. Von Farbe und Aussehen mit Schafskäse oder Mozzarella vergleichbar, ist Tofu ein vielseitiges Lebensmittel: Es kann roh oder gebraten, mild oder würzig, süß oder sauer, warm oder kalt serviert werden. Ein Tip: Räuchern Sie Tofu, einmal wegen seines unnachahmlichen Geschmacks, zum anderen wegen des hochwertigen Nebenprodukts, des Räucheröls.

Tofu selbst herzustellen ist reichlich mühselig. Die eigene Herstellung zahlt sich nur dann aus, wenn man eine billige Einkaufsquelle für Sojamilch hat. Der in Bioläden und Reformhäusern angebotene Tofu ist qualitativ sehr gut – Sie können guten Gewissens darauf zurückgreifen.

Tofu, getrocknet

Gefriergetrockneter Tofu wird bei Zimmertemperatur aufbewahrt und mit kochendem Wasser in den ursprünglichen Zustand zurückversetzt. Er hat eine kaufeste Konsistenz und ist nützlich auf Reisen und beim Camping. In Deutschland wird er noch selten angeboten.

Yuba

Bei der selbst gemachten Sojamilch bildet sich auf der Oberfläche eine Art Rahmschicht, die im Osten Yuba genannt wird. Die Haut enthält 52 Prozent Eiweiß und ist außerdem ein besonderer Leckerbissen, der anstelle von Sahne zur Verfeinerung vieler Speisen beitragen kann.

Pikante Würze für vielerlei Gerichte – Sojasauce.

Die vielen Vorzüge von Sojaprodukten können auch ohne Kochen genutzt werden. So kann das Frühstücksmüsli ebenso gut mit Sojamilch zubereitet und der kleine Hunger zwischendurch mit gerösteten Sojakernen gestillt werden.

Kochen mit Soja

Sojakost – für die gesunde Küche

Ihrer Gesundheit zuliebe sollten Sie auf die vielen Vorzüge, die uns Sojaprodukte bieten, nicht verzichten. Bestimmt werden Ihnen die nachfolgenden Rezepte dabei helfen, die eine oder andere Mahlzeit mit Soja zuzubereiten. Sie können aber auch mit einem minimalen Zubereitungsaufwand Ihre gewohnte Nahrung durch die Zugabe von Soja anreichern:

- Streuen Sie Sojalezithin in Ihr Müsli. Auch Joghurt und Obst- oder Gemüsesäfte lassen sich gut mit Sojalezithin anreichern.
- Gießen Sie Sojamilch über das Frühstücksmüsli, oder mischen Sie etwas Sojatrockenmilch unter.
- Ersetzen Sie die Frisch- oder Kondensmilch für Ihren Kaffee durch Sojamilch.
- Pürieren Sie Tofu, und verfeinern Sie damit Salatdressings, Saucen, Milchmixgetränke oder Kuchen.
- Verwenden Sie Sojamilch oder Sojatrockenmilch zur Herstellung von Pudding, cremigen Suppen, Saucen, Kartoffelpüree oder Pfannkuchen.
- Für den kleinen Hunger zwischendurch: Knabbern Sie geröstete Sojakerne, oder nehmen Sie einen köstlichen Sojamilchshake.
- Legen Sie gekeimte Sojasprossen auf Ihr Brot, oder mischen Sie diese unter Ihren Salat.
- Würzen Sie beim Kochen mit Sojasaucen wie Tamari oder Shoyu statt mit Salz.
- Bringen Sie ab und zu einmal Sojabrot statt herkömmlichem Getreidebrot auf den Tisch.
- Probieren Sie Miso als Brotaufstrich und Tempeh als Käseersatz.

Kochen mit Soja leicht gemacht

Damit das Kochen von Sojabohnen gleich von Anfang an richtig klappt, hier einige Tips und Tricks fürs bessere Gelingen:

- Die in den Rezepten angegebenen Zutatenmengen stets richtig wiegen. 100 Gramm getrocknete Bohnen ergeben etwa 300 Gramm gegarte Bohnen.
- Wichtige Würzregel: Niemals vor dem Garen salzen oder salzhaltige Gewürze verwenden.
- Da die Bohnen beim Kochen aufschäumen, immer einen genügend großen Topf benutzen.
- Um die Einweichzeit zu verkürzen, können die gewaschenen Bohnen mit Wasser bedeckt zum Kochen gebracht werden. Zwei Minuten kochen lassen, von der Kochstelle nehmen, mit einigen Tüchern abdecken und eine Stunde stehen lassen.

Aminosäuren der Sojabohne

Bohnenart	Einweichzeit	Wassermenge	Garzeit/ Topf	Garzeit/ Schnellkochtopf
Gelbe Sojabohnen	12 Std.	3:1	2–3 Std.	1 Std.
Grüne Mungbohnen	1–3 Std.	3:1	30 Min.	10 Min.
Geschälte Mungbohnen	—	2,5:1	25–40 Min.	—
Azukibohnen	3–6 Std.	3:1	1,5–2 Std.	20 Min.
Schwarze Sojabohnen	12 Std.	3:1	3–4 Std.	—

Um ein Gericht mit dem Spurenelement Jod aufzuwerten und den Geschmack der enthaltenen Bohnen zu verfeinern, ein 10 bis 20 Zentimeter langes Stück Kombualge mitkochen!

Ein wenig Soja am Tag – das tut auch dem Kind gut.

Kinderernährung

Soja während Schwangerschaft und Stillzeit

Während der Schwangerschaft und Stillzeit soll besonders auf eine gesunde Ernährung geachtet werden. Zusätzliches Eisen, Folsäure, Vitamine des B-Komplexes, sowie Vitamin A, C, D, K und E werden benötigt. Zudem steigt der Kalziumbedarf um etwa 50 Prozent. Neben frischem Obst und Gemüse ist Soja ein wichtiger Nährstofflieferant. Wer die Bohnen gut verträgt, kann eine kleine Portion jeder Mahlzeit zufügen, um den vermehrten Bedarf zu decken. Ersetzen Sie normales Mehl weitgehend durch Sojamehl, oder verwenden Sie es zumindest zum Binden von Saucen und Suppen, das reichert Ihre Kost zusätzlich mit wichtigen Nährstoffen an. Eine andere gute Energiequelle sind alle gekeimten Samen, besonders Sojasprossen. Sie sind fast universell einsetzbar – ob als Salat, Gemüsegericht, Suppenbeilage oder Brotbelag.

Sojaprodukte können einen wichtigen Beitrag zur gesunden Ernährung während der Schwangerschaft leisten. Auch sind sie ein wirksames Mittel gegen in der Schwangerschaft häufiger auftretende Verdauungsstörungen.

Soja zur Beruhigung von Magen und Darm

Empfehlenswertes Produkt ist hier das Sojalezithin, das eine leicht laxierende (abführende) Wirkung aufweist, die während der Schwangerschaft und Stillzeit meist begrüßt wird. Die tägliche Misosuppe mit Gemüse wie Rote Bete, Brokkoli, Hiziki- oder Norialgen ist deshalb besonders zu empfehlen. Auch die Faserstoffe der Sojabohne wirken beruhigend. Bei Darmstörungen werden die ganzen Bohnen aber meist nicht so gut vertragen. Dann ist es ratsam, über den Tag verteilt kleine Mengen mit Kalzium angereicherter Sojamilch, Tofu oder Tofugerichte zu sich zu nehmen.

Sojakost, auch für Säuglinge

Wenn das Kind bereit ist, abgestillt zu werden, oder keine Muttermilch bekommen kann, ist Sojamilch eine vollwertige Babynahrung. Fragen Sie im Reformhaus nach Sojagen Plus, einer milch-, gluten- und laktosefreien Flaschennahrung. Dieses Produkt kann vom ersten Tag an gefüttert werden und zeichnet sich durch folgende Merkmale aus:

- Es enthält viel leicht verdauliches Sojaeiweiß
- Seine Kohlenhydrate sind ebenfalls vergleichsweise leicht verdaulich
- Es ist geschmacksneutral und wohlschmeckend
- Seine Nährwerte, Vitamine, Mineralstoffe und Spurenelemente entsprechen dem Bedarf des Säuglings

Das etwas ältere Baby kann mit Sojamilch aus eigener Produktion oder aus dem Reformhaus ernährt werden. Achten Sie darauf, dass die Sojamilch aus enthülsten Sojabohnen hergestellt ist. Die Enzyme der Haut könnten für einen schwachen Organismus, wie den des Babys, leicht giftig wirken. Am besten geeignet ist Sojamilch mit Kalziumzusatz. Bei selbst hergestellter Sojamilch sollte in Absprache mit Ihrem Kinderarzt ein geeignetes Kalziumpräparat zugesetzt werden, bis das Kind genügend pflanzliche kalziumhaltige Nahrungsmittel zu sich nehmen kann.

Für Babys, die nicht oder nicht mehr gestillt werden, ist Sojamilch eine vollwertige Nahrung. Für den ganz kleinen Säugling empfiehlt sich Sojagen Plus mit seinem hohen Anteil leicht verdaulicher Eiweiße und Kohlenhydrate.

Keine Blähungen mehr mit Soja

Verdauungsstörungen sind besonders für Säuglinge schmerzhaft. Dass Sojanahrung Abhilfe schaffen kann, beweist eine wissenschaftliche Untersuchung, bei der 34 Säuglinge im Alter von 2 bis 24 Monaten, die wegen heftigen wässrigen Durchfalls in stationärer Behandlung waren, mit einer laktosefreien Sojababynahrung gefüttert wurden. Durch die Beigabe von Sojafasern zum Sojagetränk wurde die Zeitdauer der Abgabe des flüssigen Stuhles deutlich verringert.

Und vor lauter gesunder Ernährung sollte man auch die Präsentation nicht vergessen – denn das Auge isst mit.

Rezeptideen

Grundrezepte

Einige wenige Basisrezepte bilden die Grundlage für eine Vielzahl der unterschiedlichsten Gerichte mit Soja & Co. Sie können diese Sojagrundnahrungsmittel auch bereits fertig in Reformhäusern oder Bioläden kaufen, jedoch sind sie aus eigener Produktion nicht nur gesünder, sondern auch wesentlich billiger.

Gekochte Sojabohnen

Für 2–3 Personen

Zutaten
- 500 g Sojabohnen
- 2 ½ l Einweichwasser
- 2 Kombualgen, à 10 cm
- 2 TL Gemüsebrühe, gekörnt
- ½ TL Salz

Einweichzeit beachten!
Zeit: Mit Dampfdrucktopf 30 Minuten
Im Kochtopf 4 Stunden

1 Die Sojabohnen waschen und 12 Stunden in kaltem Wasser einweichen.
2 Die Algen separat ebenfalls in Wasser einweichen.
3 Das Einweichwasser der Sojabohnen abgießen und die Bohnen abspülen.
4 Die Kombualgen klein schneiden. Das Einweichwasser mit 3 Litern Kochwasser aufkochen lassen.
5 Gemüsebrühe und Salz einstreuen, die Bohnen zufügen und im Dampfdrucktopf 30 Minuten garen.

Info Die gegarten Bohnen sind eine reichhaltige Einlage für Suppen oder Eintöpfe. Sie eignen sich auch gut als Beigabe zu Salaten. Bohnen, die nicht gleich weiterverarbeitet werden, sollten am besten rasch abgekühlt werden. Im Kühlschrank können sie maximal bis zu 5 Tagen aufbewahrt werden.

Tip Das Kochwasser nicht wegschütten, sondern als nahrhaften Sud für Suppen oder Saucen verwenden.

Sojamilch

1 Die Bohnen in ungefähr 1 Liter kaltem Wasser 12 Stunden, in warmem Wasser 7 Stunden einweichen.

2 Das Einweichwasser abgießen, die Bohnen unter fließendem Wasser waschen und gut abtropfen lassen.

3 2 Liter Wasser in einen großen Topf geben und zum Kochen bringen. Einen weiteren ½ Liter Wasser abmessen und beiseite stellen.

4 Inzwischen die Bohnen zu Brei pürieren; dabei so viel vom Kochwasser zufügen, dass eine geschmeidige Sojamasse entsteht.

5 Wenn das Wasser sprudelnd kocht, den Bohnenbrei zugießen und gleichzeitig kräftig rühren. Vorsicht: Der Eiweißschaum steigt rasch hoch! Um ein Überlaufen zu verhindern, immer wieder etwas von dem beiseite gestellten Wasser zugießen.

6 Kräftig umrühren, damit die Sojamasse nicht anbrennt. Dann das restliche Wasser nach und nach zugeben und mindestens 5 Minuten sprudelnd kochen lassen.

7 Ein Sieb über einen weiteren Topf hängen, und in das Sieb ein feinmaschiges Geschirrtuch breiten.

8 Die etwas abgekühlte Sojamilch abgießen und den Bohnenrückstand, die sogenannte Okara, fest auspressen, rasch abkühlen und zu Aufläufen und Bratlingen verwenden.

9 Je nach Geschmack und Verwendungszweck die Milch mit einer Prise Salz, etwas Vanille und/oder Öl verfeinern.

10 Die Sojamilch in Schraubgläser füllen, gut verschließen und möglichst rasch erkalten lassen. Im Kühlschrank ist die fertige Milch bis zu 5 Tagen haltbar.

Variante Für einen Schokoladendrink die Sojamilch mit Kakao oder Carob verrühren und mit Melasse, Ursüße oder Honig verfeinern. Sie können die Milch auch mit Bananen oder anderen Früchten verfeinern.

Für ca. 2,5 l Sojamilch

Zutaten

- 125 g Sojabohnen
- Salz
- Vanille
- Öl

Einweichzeit beachten!
Zeit: 20 Minuten

Kleine Haushaltsrechnung: 2,5 Liter Sojamilch und 20 Sojabratlinge kosten bei einer Arbeitszeit von 1 Stunde ca. 2,50 DM (1,50 DM für 125 Gramm Sojabohnen und 1,00 DM für Suppengemüse und Öl). Für dieselbe Menge zahlt man im Geschäft mindestens 30,- DM. Wenn man diese Produkte im 14-tägigen Turnus selbst immer wieder frisch zubereitet, ergibt dies eine jährliche Ersparnis von etwa 900,- DM – vom gesundheitlichen Wert ganz zu schweigen!

Für ca. 2,5 l Sojamilch

Zutaten

- 125 g Sojabohnen
- Salz
- Vanille
- Öl

Einweichzeit beachten!
Zeit: 20 Minuten

Sojamilch aus enthülsten Bohnen

1 Die Bohnen einweichen wie im Grundrezept auf Seite 47 beschrieben.

2 Nach dem Abseihen des Einweichwassers die Sojabohnen mit kochendem Wasser übergießen und ½ Stunde quellen lassen.

3 Dann die Bohnen zwischen den Händen reiben, um die Schalen von den Bohnenkernen abzulösen.

4 Unter fließendem Wasser die Schalen, die im Topf obenauf schwimmen, abschöpfen.

5 Diese Sojamilch kann wie beim Grundrezept weiterverarbeitet werden.

Info Diese Art der Zubereitung hat eine leichter verdauliche Sojamilch zum Ergebnis. Sie eignet sich besonders gut für Babynahrung und für Menschen mit nervösem Magen.

Sojamilch ist ein adäquater Ersatz für Kuhmilch, auch wenn sie im Geschmack deutlich davon abweicht.

Sojasahne

Für 4 Personen

Zutaten
- ⅛ l Sojamilch
- ⅛ l Öl
- 2 TL Zitronensaft

Zeit: 15 Minuten

1 Sojamilch und Öl kühlen.
2 Die Milch in ein hohes Gefäß gießen, das Öl zufügen und so lange verquirlen, bis eine cremige Konsistenz entsteht.
3 Den Zitronensaft langsam zufügen und weitermixen, bis die Creme steif geworden ist. Falls nötig noch etwas Zitronensaft oder Öl zufügen.

Variante 1 Misosahne: 2 Esslöffel Miso mit der Sojamilch vermischen und wie oben beschrieben verarbeiten.
Variante 2 Pistaziendip: 4 Esslöffel Pistazien im Mörser zerstoßen, der fertigen Sojasahne untermengen und mit Salz und Pfeffer würzen.

Diese Sojasahne ist überall dort einsetzbar, wozu saure Sahne verwendet wird; sie kann jedoch nicht erwärmt oder erhitzt werden.

Sojamayonnaise

Für 4 Personen

Zutaten
- ⅛ l Sojamilch
- ⅛ l Sojaöl
- 2 TL Zitronensaft
- 1 TL Gemüsebrühe, gekörnt
- 1 Messerspitze weißer Pfeffer
- ½ TL Zwiebelpulver

Zeit: 15 Minuten

1 Die Sojamilch und das Öl einige Stunden kühl stellen.
2 Die Sojamilch in ein hohes Gefäß gießen, das Öl zufügen und mit einem Mixstab so lange verquirlen, bis eine feste Mayonnaise entsteht.
3 Den Zitronensaft, die Gemüsebrühe und die Gewürze untermischen.

Variante Remoulade: Die Sojamayonnaise wie beschrieben vorbereiten. Dann eine kleine, gehackte Zwiebel, 1 Esslöffel Kapern und 1 sehr feingehackte Gewürzgurke zusammen mit 1 Esslöffel Sojagen vorsichtig unter die Mayonnaise mengen. Mit 1 Esslöffel sehr fein gehackten Kräutern, wie Petersilie, Schnittlauch und Dill, verfeinern.

Tip Diese Remoulade passt gut zu Fischgerichten aller Art. Für Kinder können Sie diese Saucen auch mal zu Fischstäbchen servieren, das peppt das nicht gerade nahrhafte Lieblingsgericht der Kleinen mit vielen Nährstoffen auf!

Für 4 Personen

Zutaten

- 1 Keimgerät oder Einmachglas
- 125 g Mungbohnen

Keimzeit: 4–5 Tage

Verwenden Sie Ihrer Gesundheit zuliebe so oft wie möglich frische Keimlinge! Sie sorgen für die notwendigen Vitamine und Mineralstoffe.

Sojasprossen

1 Das Keimgefäß etwa 5 Zentimeter hoch mit den Bohnen anfüllen. Wenn kein Keimgerät zur Verfügung steht, kann auch ein Einmachglas als Keimgefäß verwendet werden. Wichtig ist, dass die Keimgeräte stets sehr sorgfältig gesäubert und mit klarem Wasser gut nachgespült werden!

2 Die Bohnen 5 bis 6 Stunden im mit Wasser vollgefüllten Gefäß einweichen, dann abseihen.

3 Dann kann der eigentliche Keimvorgang beginnen: Während dieser Zeit sollte das Keimgefäß bei Zimmertemperatur im Dunkeln, oder mit einem Tuch bedeckt, aufbewahrt werden.

4 Über das Glas mit einem Gummiring Verbandmull spannen, der täglich gewechselt werden sollte, um nicht zusätzliche Bakterien zu züchten.

5 Die Keimlinge 2-mal täglich unter fließendem Wasser abspülen und das Wasser im umgestülpten Glas vollständig ablaufen lassen.

6 Nach etwa 5 Tagen sind die Sprossen etwa 4 bis 5 Zentimeter lang und können verzehrt werden. Vor dem Genuss nochmals gut durchspülen, damit die Bohnenhülsen entfernt werden.

Variante Samen von Alfalfa, Kresse, Senf, Radieschen, Sonnenblumenkernen, Linsen, Kichererbsen oder Weizen lassen sich auf dieselbe Weise keimen. Diese Samen haben unterschiedlich lange Keimzeiten, die zudem noch von der Zimmertemperatur abhängig sind; nach 2 bis 5 Tagen erhalten Sie frische Sprossen.

Info Trocken und kühl aufbewahrt, bleiben die Sojasprossen 1 Woche frisch und vitaminreich. Für Kinder und Menschen mit empfindlichem Magen sollten die Keimlinge vor dem Verzehr unbedingt 5 Minuten geschmort oder blanchiert werden, da sie damit leichter verdaulich werden.

Sojabutter

Für 1 Portion

Zutaten
- 2 EL Sojamehl, vollfett
- 1 Prise Salz
- 6 EL Öl
- 2 EL Sojagen

Zeit: 10 Minuten

1 Das Sojamehl mit 12 Esslöffeln Wasser in einem kleinen Topf vermischen und unter ständigem Rühren 5 Minuten köcheln lassen.

2 Etwas Salz zufügen und das Öl einrühren, bis eine geschmeidige Masse entsteht.

3 Dann zur Würzung das Sojagen untermischen; kalt stellen.

Varianten Verfeinern Sie die Butter mit Kräutern wie z. B. Petersilie, Schnittlauch und Basilikum, oder mengen Sie, für einen pikanten Brotaufstrich, 1 durchgepresste Knoblauchzehe mit 1 Teelöffel Tomatenmark bei. Und wenn es einmal süß sein soll, sorgen 2 Teelöffel Kakao oder Carob, 2 Esslöffel Honig oder Ahornsirup und 1 Prise Vanille für einen aromatischen Geschmack.

Keimlinge entstehen eigentlich von selbst: Sie benötigen nur ein sauberes Gefäß, Bohnen und Wasser. Die Sojabutter eignet sich als delikater Brotaufstrich, den Sie beliebig würzen und verfeinern können.

Klassische »Fleischgerichte« mit Soja

Nach wie vor liegt es am Endverbraucher, den Herstellern von biologischer Ware die Unterstützung zu geben, die sie brauchen, um weiterzumachen. Vielleicht kann Sie das eine oder andere der folgenden Rezepte dazu anregen, in Ihrer Küche ab und zu Fleisch durch Soja zu ersetzen – Sie tun damit nicht nur Ihrer Gesundheit etwas Gutes!

Dank steigender Nachfrage gibt es heute eine Vielzahl von Fleischersatzprodukten aus Soja auf dem Markt, die oftmals nur schwer von richtigem Fleisch unterschieden werden können. So wurde bei einem Landwirtschaftstreffen in St. Louis den Teilnehmern ein »Boeuf Stroganoff«, serviert. Später erfuhren die Landwirte, dass sie kein Fleisch, sondern ein Sojaerzeugnis gegessen hatten. Damit waren sie von ihrer Arbeit überzeugt und gewillt, noch größere Anbauflächen zu bestellen und auf die Sojabohne als ein Agrarprodukt der Zukunft zu bauen.

Gefüllte Weinblätter

Für 4 Personen

Zutaten

- 1 rote Paprikaschote
- 1 Kochbanane
- 2 EL Baumwollsamenöl
- ½ TL Salz
- ¼ TL Pfeffer
- 1 Zweig Zitronenmelisse
- 1 Tasse gekochte Azukibohnen
- 1 Tasse gekochter Reis
- 8 eingelegte Weinblätter

Zeit: 15 Minuten

1 Die Paprikaschote waschen, entkernen und klein würfeln, die geschälte Banane in Scheiben schneiden.

2 Das Öl in einer Kasserolle erhitzen, die Paprikawürfel anschmoren und zur Seite schieben. Die Bananenscheiben anbraten, mit den Paprikawürfeln vermischen, salzen und pfeffern.

3 Die Zitronenmelissenblätter in feine Streifen schneiden und zufügen.

4 Bohnen und Reis vermischen und unter vorsichtigem Rühren erwärmen.

5 Die Weinblätter abspülen, die Bohnen-Reis-Masse gleichmäßig darauf verteilen und anschließend zusammenrollen.

Variante Falls keine Weinblätter zu bekommen sind, kann man die Masse in blanchierte Chinakohlblätter einrollen.

Tip Warm eignen sich die Weinblätter gut als Vorspeise für ein Menü, kalt kann man sie sehr gut an einem Buffet servieren. Wenn einmal Reis und Azukibohnen von einem Essen übrig geblieben sind, eignet sich diese köstliche Vorspeise als ein idealer »Resteverwerter«.

Sojaeintopf

Für 6 Personen

Zutaten
- 2 TL Gemüsebrühe
- 200 g Sojawürfel
- 1 Möhre
- 1 kleiner Weißkohl
- 1 kleiner Lauch
- 500 g Kartoffeln
- 2 EL Soja- oder Erdnussöl
- 4 EL Mehl
- 3 EL Sojagen
- 1 EL Sojasauce
- 1 EL Obstessig

Zeit: 80 Minuten

1 1,5 Liter Wasser mit der gekörnten Gemüsebrühe erhitzen. Die Sojawürfel darin 30 Minuten einweichen, dann abseihen, die Einweichflüssigkeit auffangen.

2 Möhre und Weißkohl in feine Streifen, den Lauch in Ringe schneiden. Die Kartoffeln schälen und klein würfeln.

3 Das Öl erhitzen, die Sojawürfel darin anbraten, dann die Kartoffelstückchen zufügen und etwa 5 Minuten mitbraten.

4 Das Gemüse untermischen, zudecken, 15 Minuten schmoren lassen. Dabei den Topf einige Male schütteln, um das Kondenswasser aufzufangen.

5 Mit dem Mehl bestäuben, verrühren und mit etwas Einweichwasser ablöschen und nochmals kurz aufkochen, bis eine sämige Sauce entsteht.

6 Sojagen mit einigen Esslöffeln Einweichwasser anrühren, mit Sojasauce und Obstessig abschmecken.

Sojachili

Für 4 Personen

Zutaten
- 200 ml Wasser
- 1 TL Gemüsebrühe, gekörnt
- 100 g Sojahack
- 2 Frühlingszwiebeln
- 1 grüne Paprikaschote
- 1 rote Chilischote
- 2 Knoblauchzehen
- 2 EL Olivenöl
- ½ TL Kreuzkümmel
- 1 Dose Tomaten (ca. 1 l)
- 3 EL Sojasauce
- 750 g Dosen-Sojabohnen
- 1 Bund Koriander oder glatte Petersilie

Zeit: 35 Minuten

1 In einer Schüssel die Gemüsebrühe in 200 Milliliter Wasser auflösen, das Sojahack 10 Minuten darin quellen lassen.

2 Inzwischen die Zwiebeln häuten und klein hacken.

3 Die Paprikaschote und die Chilischote waschen, entkernen und fein würfeln.

4 Die Knoblauchzehen durch eine Presse drücken.

5 Das Öl erhitzen, den Kreuzkümmel anrösten, das kleingeschnittene Gemüse zufügen und einige Minuten anbraten.

6 Die Tomaten mit der Flüssigkeit zugießen.

7 Sojahack, Sojasauce und abgeseihte Sojabohnen dazugeben und das Ganze 15 Minuten köcheln lassen, dabei gelegentlich umrühren.

8 Die Koriander- oder Petersilienblätter sorgfältig waschen, klein hacken und untermischen.

Beilagen Scharfe Tacosauce, Baguette oder Maischips.

Für 6 Personen

Sojabohnen-Burritos

Zutaten
- 125 g schwarze Sojabohnen

Sauce
- 2 grüne Paprikaschoten
- 2 grüne Chilischoten
- 3 EL Arrowroot
- ¾ l Gemüsebrühe
- 1 EL Balsamessig

Seitan-Bohnen-Füllung
- 1 Glas Seitan
- 1 EL Olivenöl
- ¼ TL Salz
- ½ TL schwarzer Pfeffer
- 1 große Gemüsezwiebel
- 3 EL Maiskeimöl
- 2 Knoblauchzehen
- 2 TL Meersalz
- 6 Weizentortillas

Garnitur
- 2 Tomaten
- ½ Eisbergsalat

Einweichzeit beachten!
Zeit: 3 Stunden und 40 Minuten

1 Die Sojabohnen über Nacht (ca. 12 Stunden) in 2 Liter Wasser einweichen, abseihen und abspülen.

2 1 Liter Wasser zum Kochen bringen, die Bohnen zufügen und etwa 3 Stunden bei milder Hitze köcheln lassen. Gelegentlich umrühren.

3 In der Zwischenzeit die Sauce vorbereiten. Dafür die Paprika- und Chilischoten zerteilen, entkernen, waschen und kleinwürfeln.

4 Das Arrowroot (Pfeilwurzelmehl) mit ½ Tasse Gemüsebrühe glatt anrühren.

5 Die restliche Gemüsebrühe aufkochen und die Paprika- und Chiliwürfel darin 10 Minuten ziehen lassen.

6 Das angerührte Arrowroot zufügen, unter Rühren aufkochen lassen und mit dem Balsamessig abschmecken. Die Sauce zur Seite stellen.

7 Den Seitan abtropfen lassen. anschließend in gleich große Stücke würfeln.

8 Das Olivenöl in einer Pfanne erhitzen, den Seitan darin knusprig braten. Mit Salz und Pfeffer würzen und ebenfalls zur Seite stellen.

9 Die gegarten Bohnen abseihen (dabei das Kochwasser auffangen), die Hälfte der Bohnen pürieren.

10 Die Gemüsezwiebel häuten, klein hacken, das Maiskeimöl in einem Topf erhitzen, die Knoblauchzehen in das Öl pressen und mit den Zwiebeln glasig andünsten.

11 Die restlichen Bohnen und das Bohnenpüree zugeben, mit Meersalz würzen und gut durchkochen lassen. Die Masse sollte eine dickflüssige Konsistenz haben. Sollte sie zu flüssig sein, etwas Semmelbrösel zugeben und nochmals aufkochen lassen.

12 Die Bohnenmasse gleichmäßig auf die Tortillas streichen, den gebratenen Seitan darüber verteilen und die Tortillas wie zu einer Tüte zusammenrollen. Diese Teigtasche mit der »Naht« nach unten in eine Auflaufform schichten.

13 Die Sauce darüber gießen, mit Alufolie abdecken und bei mittlerer Hitze 30 Minuten backen.

Servieren Jeweils einen Burrito auf einem flachen Teller seitlich anrichten, die Sauce darüber gießen und mit der Salatgarnitur servieren.

Variante Für eine original mexikanische Garnierung benötigen Sie zusätzlich 1 Avocado. Jeweils einen Burrito auf eine Seite eines großen flachen Tellers legen. Die Avocado schälen, halbieren und in Streifen schneiden. Ebenfalls mit Eisbergsalat und Tomate anrichten, und, wer möchte, mit einem Klecks Sauerrahm garnieren. Oder Sie verwenden die selbst hergestellte Sojasahne (siehe Rezept Seite 49).

Tip Heben Sie das Kochwasser auf, es eignet sich bestens als Grundsubstanz für Suppen und Saucen. In ihm sind die Vitamine und Mineralstoffe der Bohnen enthalten, zudem ist es ein guter Geschmacksträger.

Produktinfo:
Arrowroot ist die handelsübliche Bezeichnung für Pfeilwurzelmehl. Es ist eine Sammelbezeichnung für verschiedene Stärkearten aus Wurzeln und Knollen tropischer Pflanzen. Dieses pulverfeine Stärkemehl wird als pflanzliches Bindemittel, z. B. für Saucen und Puddings, verwendet.

Würze gehört zu einem klassischen Burrito: Den scharfen Geschmack einer Chilischote verursacht deren Samenstand. Hier ist die Schärfe stärker konzentriert als im Samen selbst. Bevorzugt man einen milderen Geschmack, sollte man den Samenstand auf keinen Fall mitkochen.

Tempeh Stroganoff

Für 4 Personen

Zutaten

- 2 Packungen Tempeh
- Öl zum Fritieren
- etwa 3 EL Tamari
- 1 Gemüsezwiebel
- 3 Knoblauchzehen
- 500 g Champignons
- 1 TL Gemüsebrühe, gekörnt
- ½ TL Salz
- ¼ TL Pfeffer
- 150 g Cashewkerne (Bruch)
- 300 ml Wasser
- 2 EL Sojamehl
- 1 EL Zitronensaft
- 3 EL Apfelsaft

Zeit: 1 Stunde und 30 Minuten

1 Den Tempeh trocken tupfen und in gleichmäßig dünne Streifen schneiden.

2 Das Öl in einem Topf erhitzen und die Tempehstreifen portionsweise fritieren, auf einem Küchenkrepp abtropfen lassen, mit Tamari beträufeln und warm stellen.

3 Die Zwiebel und den Knoblauch schälen und klein würfeln. Von dem Fritieröl einige Esslöffel in eine Pfanne geben und die Zwiebel- und Knoblauchwürfel bei geringer Hitze glasig ausdünsten.

4 Die Champignons putzen und blättrig schneiden, zufügen und anschmoren. Mit Gemüsebrühe, Salz und Pfeffer würzen.

5 Die Cashewkerne mit dem Wasser zu einer Nussmilch verquirlen.

6 Das Mehl über die inzwischen garen Zutaten streuen, mit der Hälfte der Nussmilch löschen und aufkochen lassen.

7 Die Hitze reduzieren und in kleinen Schlucken die restliche Nussmilch, Zitronensaft und Apfelsaft einrühren. Weitere 5 Minuten köcheln lassen.

8 Dann die Tempehstreifen zugeben und vorsichtig unterheben.

Beilagen Reis, Kuskus oder Nudeln, frische Salate.

Tip Für Schnellgerichte gleich etwas mehr Tempeh vorfritieren und einfrieren.

Variante Statt der Nüsse können Sie auch 3 Esslöffel cultured buttermilk verwenden. Cultured buttermilk ist ein fermentiertes Sauermilchprodukt mit wertvollen Milchsäurebakterien, das Teige leicht und locker werden lässt. Das macht es zum idealen Eiersatz, ganz ohne chemische Zusätze. Darüber hinaus wirkt es sich positiv auf die Darmschleimhaut aus. Es ist reich an Kalzium, Vitamin A und C sowie eisenhaltig. Leider ist es bislang nur im Versand erhältlich (siehe Quellennachweis Seite 95).

Sojalasagne

1 Das Sojahack mit ⅛ Liter kochendem Wasser übergießen, die geschälten Tomaten, das Tomatenmark und die gekörnte Gemüsebrühe zufügen und gut verrühren. Dabei die Tomaten zerkleinern; die Masse 10 Minuten quellen lassen.

2 Zwischenzeitlich für die Sauce eine Mehlschwitze zubereiten: Dafür die Butter in einem Topf schmelzen lassen, das Mehl einrühren (am besten mit einem Schneebesen) und dann mit der Milch unter ständigem Rühren löschen. Kurz aufkochen lassen, damit die Sauce sämig wird.

3 ¼ Liter Wasser, die gekörnte Gemüsebrühe und das Muskatpulver zufügen und nochmals kurz aufkochen lassen.

4 In einer Auflaufform das Öl gleichmäßig verteilen, die Form mit einer Lage ungekochter Lasagneblätter auslegen.

5 Etwa 4 kleine Schöpfkellen Sauce darüber verteilen, dann eine weitere Schicht Teigblätter darauflegen.

6 Nun 4 gehäufte Esslöffel Sojahack darauf verteilen und mit etwas Käse bestreuen. Auf diese Weise fortfahren, die letzte Schicht mit Sauce bedecken.

7 Den restlichen Käse darauf verteilen, nach Geschmack mit Butterflöckchen belegen und in der auf 200 °C vorgeheizten Backröhre 20 Minuten backen lassen.

Beilage Frischer Salat

Variante Statt Lasagneplatten dünne, gut gewürzte Scheiben Tofu oder Mozzarella dazwischen legen, dafür den Käse weglassen. Dazu Bandnudeln servieren. Oder belegen Sie die Lasagne zusätzlich mit 2 dünn aufgeschnittenen Zucchini und 150 Gramm blättrig geschnittenen Champignons.

Tip Wenn mal keine Zeit für die Zubereitung der Sauce sein sollte, kann man auch ½ Liter saure Sahne mit 2 Esslöffel Sojaflocken, etwas gekörnter Gemüsebrühe und Muskatpulver verrühren und anstelle der Sauce verwenden.

Für 4 Personen

Zutaten

- 100 g Sojahack
- 400 g geschälte Tomaten aus der Dose
- 2 EL Tomatenmark, doppelt konzentriert
- 1 gehäufter TL Gemüsebrühe, gekörnt

Béchamelsauce

- 2–3 EL Butter
- 4 gehäufte EL Mehl
- ¾ l Milch
- 2 TL Gemüsebrühe, gekörnt
- 1 Messerspitze Muskatpulver
- 1 EL Öl
- 1 Packung Lasagneblätter (ohne Vorkochen)
- 100 g geriebener Hartkäse oder Parmesan

Zeit: 45 Minuten

Okaraspezialitäten

Folgende Rezepte können sowohl mit Okara, so wird der Rückstand bei der Sojamilchzubereitung genannt, als auch mit gekochten und anschließend zerstampften Sojabohnen zubereitet werden. Diese Gerichte sind eine gute Eiweißquelle und beinhalten eine Menge Ballast- und Faserstoffe, die für den menschlichen Organismus sehr wichtig sind. Für kleine Kinder, ältere Menschen und bei Darmstörungen sollten Mahlzeiten mit Okara nicht allzu oft oder nur in kleinen Mengen gegessen werden. Denn auch das beste Lebensmittel hilft nur, wenn es auch verdaut werden kann!

Hirse-Soja-Terrine

Für 8 Personen

Zutaten

- 1 Gemüsezwiebel
- 2 Knoblauchzehen
- 2 EL Sojaöl
- 300 g Tofu
- ½ TL Salz
- ¼ TL Pfeffer
- 200 g Sauerrahm
- 2 Tassen gekochte Hirse
- 4 Tassen Okara oder zerstampfte Sojabohnen
- 5 EL Sojasauce
- 2 EL Tomatenmark
- 3 EL Senf
- 1 EL Majoran
- 1 TL Thymian
- 1 TL Bohnenkraut
- 1 TL scharfes Paprikapulver
- 4 EL Öl für die Auflaufform

Zum Bestreichen

- 3 EL Sojasauce
- ½ TL Pfeffer
- 1 EL Tomatenmark

Zeit: 1 Stunde und 40 Minuten
Hirse vorkochen

1 Die Gemüsezwiebel und den Knoblauch schälen und sehr klein würfeln. 1 Esslöffel Öl in einer Pfanne erhitzen. Die Würfel darin glasig andünsten, dann in eine große Schüssel geben und beiseite stellen.

2 Den Tofu grob zerkleinern, mit Salz und Pfeffer würzen, auf allen Seiten im restlichen Öl anbraten und ebenfalls zur Seite stellen.

3 Den Sauerrahm, die bereits gekochte Hirse, Okara oder Sojabohnen, Sojasauce, Tomatenmark, Senf, Majoran, Thymian, Bohnenkraut und das Paprikapulver in die Schüssel zu den Zwiebel- und Knoblauchwürfeln geben. Alle Zutaten miteinander zu einer Masse von fester Konsistenz verrühren.

4 Etwas Öl in eine Auflaufform geben und die Hälfte der Masse darauf verteilen. Den vorbereiteten Tofu darüber geben und die restliche Hirse-Okara-Masse darüber schichten.

5 Das restliche Öl mit der Sojasauce, dem Pfeffer und dem Tomatenmark verrühren und den »Braten« damit dick einstreichen.

6 Die Backröhre auf 180 °C vorheizen und die Terrine etwa 80 Minuten darin backen lassen. Zwischendurch mit dem Ölgemisch bepinseln.

Sojaburger

1 Das Wasser mit der Gemüsebrühe erhitzen und das Suppengemüse darin einweichen.
2 Die Zwiebel und die Knoblauchzehen schälen, klein hacken und zufügen.
3 Sojamehl, Hefeflocken, Okara, Salz und Pfeffer dazugeben und das Ganze durchmischen.
4 Handtellergroße Burger formen und in heißem Öl ausbacken.

Tip Bei der Zubereitung eines Burgers oder einer Frikadelle sind Ihrer Phantasie keine Grenzen gesetzt: So können Sie genauso gut Tofu als Basismaterial verwenden. Achten Sie dabei jedoch auf die Würzung. Und wenn Sie frisches Gemüse bevorzugen, achten Sie darauf, dass es nicht zu viel Wasser enthält, damit die Frikadellen nicht zu weich werden.

Für etwa 20 Stück

Zutaten

- ¼ Wasser
- 1 TL Gemüsebrühe, gekörnt
- 2 EL getrocknetes Suppengemüse
- 1 Zwiebel
- 2 Knoblauchzehen
- 2 EL Sojamehl
- 3 EL Hefeflocken
- 400 g Okara
- 1 TL Salz
- ½ TL schwarzer Pfeffer
- Öl zum Ausbacken

Zeit: 20 Minuten

Die Hirse-Soja-Terrine eignet sich auch kalt aufgeschnitten als Brotbelag.

Sojareibekuchen

Für 4 Personen

Zutaten

- 1 kg Kartoffeln
- ¼ l kochendes Wasser
- ½ TL Salz
- ¼ TL Muskatpulver
- 300 g Okara
- 2–4 EL Öl

Zeit: 30 Minuten

1 Die Kartoffeln schälen und fein reiben. Die Kartoffelraspeln in ein Küchentuch einschlagen, das Wasser auspressen und die trockene Masse in eine Schüssel geben.

2 Das kochend heiße Wasser darüber gießen und verrühren.

3 Salz, Muskat und Okara untermengen.

4 Öl in einer Pfanne erhitzen und den Kartoffelteig darin dünn einfüllen. Die Reibekuchen auf jeder Seite etwa 5 Minuten knusprig braten, warm stellen, und den Rest fertig backen.

Beilagen Apfelkompott, Preiselbeeren, Sauerkraut, Salate.

Tip Dieser Braten eignet sich sowohl als Hauptgericht, wie auch als Brotbelag oder in Öl aufgebraten als kleine Zwischenmahlzeit.

Okara-Pilzrollen

Für 4 Personen

Zutaten

- 250 g Champignons
- 2 EL Olivenöl
- 300 g Okara
- 1 TL Gemüsebrühe, gekörnt
- ½ TL Salz
- ¼ TL Pfeffer
- Instant Kartoffelpüree für 4 Personen
- Öl

Zeit: 30 Minuten

1 Die Champignons putzen, klein würfeln und im heißen Öl kurz anbraten.

2 Okara, Gemüsebrühe, Salz und Pfeffer zufügen und einige Minuten schmoren lassen.

3 Das Kartoffelpüree mit ⅛ Liter weniger Flüssigkeit als angegeben zubereiten (damit es einen formbaren Teig gibt.)

4 Die Handfläche mit etwas Öl benetzen, etwas Püree in der Hand flach drücken, einen gehäuften Esslöffel von der Okara-Pilzmasse in die Mitte geben, mit dem Kartoffelbrei umhüllen und zu einer Rolle formen.

5 Reichlich Öl in einer Pfanne erhitzen, die Rollen in die Pfanne legen, mit einem Deckel schließen und bei niedriger Temperatur 20 Minuten braten. Dabei die Pfanne öfter schütteln und die Rollen wenden.

Beilagen Salat- und Rohkostplatte oder Gemüse.

Soja-Spinat-Risotto

Für 4 Personen

Zutaten
- 1 Tasse Basmatireis
- 2 Tassen Wasser
- 1 Knoblauchzehe
- 1 Packung Spinat, tiefgefroren
- 300 g Okara
- 2 TL Gemüsebrühe, gekörnt
- ½ TL Salz
- ¼ TL Pfeffer
- ¼ TL Muskatpulver
- Öl für die Auflaufform
- 200 g Sauerrahm
- 1 EL Currypulver

Zeit: 1 Stunde und 20 Minuten

1 Den Basmatireis unter kaltem Wasser waschen und in einem Sieb abtropfen lassen.

2 Die beiden Tassen Wasser in einem großen Topf zum Kochen bringen, den gewaschenen Reis zufügen und kurz aufkochen lassen.

3 Die Knoblauchzehe schälen, durch eine Knoblauchpresse drücken und unter den Reis mischen.

4 Den unaufgetauten Spinat auf den Reis legen und bei mittlerer Hitze 10 Minuten auf der Herdplatte stehen lassen. Dabei den Spinatblock einige Male wenden, so dass er von allen Seiten antaut.

5 Das Okara, die Gemüsebrühe und die Gewürze zufügen und alles gut verrühren.

6 Etwas Öl in eine Auflaufform geben, das Risotto zufügen und glatt streichen.

7 Sauerrahm und Currypulver verquirlen und darüber gießen. In der vorgeheizten Backröhre bei 200 °C 30 Minuten backen lassen.

Gefüllte Zucchini

Für 2 Personen

Zutaten
- 4 mittelgroße Zucchini
- 100 g Walnüsse
- 1 TL Butter
- 2 Frühlingszwiebeln
- 300 g Okara oder Tofu
- 1 TL Gemüsebrühe, gekörnt
- ½ TL Salz
- ¼ TL Pfeffer
- 2 EL Obstessig
- 2 EL Öl

Zeit: 60 Minuten

1 Die Zucchini waschen, die Stiel- und Blütenansätze abschneiden, die Frucht halbieren und mit einem Löffel ungefähr 2 Zentimeter tief das Fruchtfleisch aushöhlen.

2 Die Walnüsse grob hacken und in der heißen Butter kurz rösten.

3 Die Frühlingszwiebeln putzen und zusammen mit dem Okara oder Tofu, dem Zucchinifruchtfleisch, der gekörnten Gemüsebrühe, Salz, Pfeffer sowie Essig und Öl zu einer Masse von gleichmäßiger Konsistenz pürieren.

4 Die vorbereiteten Walnüsse darunter heben und die Masse in die ausgehöhlten Zucchinischiffchen füllen.

5 Etwas Öl in eine Auflaufform geben, die Zucchini hineinschichten; in der auf 180 °C vorgeheizten Backröhre 40 Minuten backen.

Tofu-Cuisine international

Für Kinder kann man aus einem Tofubratling auch einen gesunden Pausensnack zaubern: Mit ein paar Salatblättern und Ketchup als »Hamburger« im Vollkornbrötchen. Oder einfach mit einigen Salatstreifen in Pitabrot einlegen, fertig ist ein alternatives »Döner«!

Tofu ist ein vielseitiges Lebensmittel: Er kann roh oder gebraten, pikant oder mild, süß oder sauer, warm oder kalt serviert werden. Tofu ist eigentlich geschmacksneutral, erst die Zubereitungsart sorgt für Aroma.
Sie können für die folgenden Rezepte sowohl frischen wie vakuumverpackten Tofu verwenden. Frischer Tofu kann im Kühlschrank einige Tage aufbewahrt werden, wenn er in kaltem Wasser eingelegt ist. Dabei sollte das Wasser jedoch täglich gewechselt werden. Vakuumverpackter Tofu hat einen leicht bitteren Nigarigeschmack, deshalb empfiehlt es sich, den Tofu 2 Stunden vor dem Verarbeiten in kaltes Wasser einzulegen.

Tofuburger

Für 4 Personen

Zutaten

- ⅛ l Wasser
- 3 EL Sojasauce
- 1 Brötchen
- 3 EL getrocknetes Suppengemüse
- 1 kleine Zwiebel
- 1 Bund Petersilie
- Schale von 1/4 Zitrone
- 300 g Tofu
- ½ TL weißer Pfeffer
- Cornflakes oder Semmelbrösel nach Bedarf
- 4 EL Sonnenblumenkerne
- 3 EL Sojaöl

Zeit: 30 Minuten

1 Wasser und Sojasauce erhitzen, das Brötchen in eine Schüssel legen, das heiße Gemisch darüber gießen und 5 Minuten einweichen lassen. Das Brötchen ausdrücken und zur Seite geben.

2 Das Suppengemüse in die Flüssigkeit rühren und 10 Minuten quellen lassen.

3 Inzwischen die Zwiebel und die Petersilie klein hacken und die Zitronenschale abreiben.

4 Den Tofu zerkrümeln, pfeffern und mit den vorbereiteten Zutaten vermengen.

5 Bratlinge formen; falls sich die Masse noch nicht gut zusammenhält, zerkrümelte Cornflakes oder Semmelbrösel zufügen. Die Menge der Cornflakes oder Semmelbrösel variiert je nach Wassergehalt des Tofus.

6 Sonnenblumenkerne über die fertig geformten Burger streuen und fest drücken.

7 Das Öl in einer Pfanne erhitzen und die Bratlinge auf jeder Seite 5 Minuten knusprig ausbraten.

Beilagen Die Tofuburger mit Getreide, Kartoffeln, Gemüse oder einem gemischten Salat als Hauptgericht servieren.

Tofupie mit Maiskruste

1 Für die Maiskruste und den Boden in einer Schüssel Mais- und Weizenmehl mit dem Backpulver und dem Salz vermischen.
2 Die Sojamilch und das Öl darüber gießen und zu einem Teig von gleichmäßiger Konsistenz verrühren.
3 Die Hälfte in einer geölten Auflaufform zu einem dünnen Boden formen. 10 Minuten in der auf 200 °C vorgeheizten Backröhre backen lassen. Die andere Hälfte beiseite stellen.
4 Inzwischen den Tofu in mundgerechte Stücke zerteilen.
5 Die Frühlingszwiebeln und Paprikaschoten putzen, waschen und klein schneiden; die Knoblauchzehe schälen, durchpressen oder klein hacken.
6 Das Öl in einer Pfanne erhitzen und die vorbereiteten Zutaten unter Rühren darin anbraten.
7 Mit Oregano, Gemüsebrühe, Salz, Pfeffer und Sojasauce würzen.
8 Die tiefgekühlten Maiskörner zufügen und weiterschmoren lassen. Mit den pürierten Tomaten löschen.
9 Die Sojaflocken einrühren und die Füllung auf dem vorgebackenen Maisboden verteilen.
10 Den restlichen Maisteig darüber verteilen.
11 In der Backröhre ca. 45 Minuten goldbraun backen lassen.

Beilage Mit frischem Salat servieren.

Info Bereits Diego Kolumbus, der Sohn des Entdeckers, erstaunten die ausgedehnten Maisplantagen, die zusammen mit Bohnen und Kürbissen von den Indios kultiviert wurden. Mais etablierte sich relativ schnell in europäischen Küchen und wurde in der »Arme-Leute-Küche« schnell zu einem preiswerten Grundnahrungsmittel. Das hatte fatale Konsequenzen: Menschen, die sich fast nur noch von Mais ernährten bekamen Pellagra, eine Vitaminmangelkrankheit. Dort, wo Mais mit Gemüse kombiniert wurde, war der Nährwert erstaunlich hoch und die Menschen waren entsprechend gesund.

Für 8 Personen

Zutaten

Maiskruste und -boden

- 2 Tassen Maismehl
- 2 Tassen Weizenvollkornmehl
- 2 TL Backpulver
- 1 TL Salz
- 2 Tassen Sojamilch
- 3 EL Sojaöl

Füllung

- 500 g Tofu
- 1 Bund Frühlingszwiebeln
- 1 rote Paprikaschote
- 1 grüne Paprikaschote
- 2 Knoblauchzehen
- 4 EL Öl
- ½ TL Oregano
- 1 TL Gemüsebrühe, gekörnt
- ½ TL Salz
- ½ TL Pfeffer
- 2 EL Sojasauce
- 1 Päckchen Maiskörner, tiefgefroren
- ½ l Tomaten püriert
- 100 g Sojaflocken

Zeit: 1 Stunde und 30 Minuten

Für 4 Personen

Zutaten

- 1 kleiner Chinakohl
- 3 EL Öl
- 200 g Sojasprossen
- 1 kleine Dose chinesische Pilze, wie z. B. Morcheln, Shiitake, Mung-Ghe
- 200 g Tofu
- ½ TL Salz
- ¼ TL Pfeffer
- 1 TL Gemüsebrühe, gekörnt
- 1 EL Arrowroot (siehe auch Seite 55)
- 3 EL Sojasauce
- ½ Packung Glasnudeln

Zeit: 1 Stunde und 30 Minuten

Sollten Sie keine frischen Erbsenschoten für das Tofu-Foo-Yung-Gericht bekommen, können Sie auch auf tiefgekühlte Schoten ausweichen.

Chinesische Fastenspeise

1 Den Chinakohl waschen, halbieren und in gleichmäßige Streifen schneiden.

2 Das Öl in einer Pfanne erhitzen, den Chinakohl und die Sojasprossen unter Rühren andünsten.

3 Die abgeseihten Pilze im Ganzen zufügen, zudecken und warm stellen.

4 Inzwischen den Tofu in Würfel schneiden, salzen und pfeffern.

5 ¼ Liter Wasser mit der gekörnten Gemüsebrühe zum Kochen bringen und den Tofu darin kurz aufkochen lassen.

6 Das Arrowroot mit der Sojasauce in einer Tasse glatt anrühren, dem Tofu beigeben und gut vermischen.

7 Die Glasnudeln zufügen und auf der heißen Herdplatte ausquellen lassen.

Beilagen: Basmatireis

Tofu Foo Yung

1 300 Gramm Tofu mit der Sojasauce mixen. 200 Gramm grob zerbröseln. Beides zur Seite stellen.
2 Die Erbsenschoten in 2 Zentimeter lange Stücke schneiden.
3 Die Champignons säubern, halbieren und in Scheiben schneiden.
4 Von 6 Frühlingszwiebeln den weißen Teil abschneiden, den Stiel mit einem spitzen Messer einige Male einschneiden und in wenig Wasser legen. Die restlichen Zwiebeln klein schneiden.
5 Das Öl in einem Wok oder einer Kasserolle erhitzen. Das vorbereitete Gemüse und den zerkleinerten Tofu kurz darin anschmoren.
6 Die Sprossen und die in Scheiben geschnittenen Wasserkastanien zufügen und 2 Minuten mitdünsten. Mit Gemüsebrühe, Salz und Pfeffer würzen.
7 Den vorbereiteten, gemixten Tofu, das Weizenmehl, die Hefeflocken und das Backpulver untermischen und zu einer geschmeidigen Masse verrühren.
8 Ein Backblech mit dem restlichen Öl einfetten und mittels einer Schöpfkelle handtellergroße Portionen auf dem Blech verteilen.
9 In der Backröhre bei 200 °C die Fladen 30 Minuten backen, wenden und in 15 Minuten fertigbacken.
10 Die vorbereiteten Frühlingszwiebeln aus dem Wasser nehmen, trocken tupfen und die fertigen Fladen damit verzieren.

Beilage Pilzsauce und Reis.

Pilzsauce Für eine Pilzsauce, die ausgezeichnet zu diesem Gericht passt, benötigen Sie jeweils 100 Gramm geputzte und klein geschnittene Shiitakepilze und Champignons. Diese werden mit wenig Pfeffer bestäubt. Von ¼ Liter Wasser nehmen Sie einige Esslöffel ab und rühren 1 Esslöffel Maisstärke darin glatt an. Das restliche Wasser aufkochen und die Pilze darin 5 Minuten ziehen lassen. Dann die Stärke mit 2 Esslöffeln Sojasauce zufügen und nochmals kurz aufkochen.

Für 2 Personen

Zutaten

- 500 g Tofu
- 3 EL Sojasauce
- 125 g Erbsenschoten
- 250 g Champignons
- 8 Frühlingszwiebeln
- 3 EL Öl
- 250 g frische Sojabohnensprossen
- 1 Dose Wasserkastanien
- 1 TL Gemüsebrühe, gekörnt
- ½ TL Salz
- ¼ TL Pfeffer
- ¾ Tasse Weizenmehl
- 3 EL Hefeflocken
- 2 TL Backpulver

Zeit: 60 Minuten

Erbsenschoten sind nicht überall und immer frisch erhältlich. Sie können auch auf tiefgekühlte Schoten ausweichen.

Für 4 Personen

Strudelteig
- 100 g Roggenmehl
- 100 g Dinkelmehl
- 20 g flüssige Butter
- ¼ TL Salz
- 12 EL Wasser
- 3 EL Öl

Füllung
- 300 g Tofu
- 1 Stange Lauch
- 3 Möhren
- 200 g Champignons
- 1 Knoblauchzehe
- 3–4 EL Öl
- 1 TL Salz
- ¼ TL Pfeffer
- 2 EL gemahlene Haselnüsse
- 2 EL Pinien- oder Sonnenblumenkerne
- 1 Bund Frühlingskräuter
- 3 EL Crème fraîche
- 2 EL saure Sahne

Zeit: 1 Stunden und 10 Minuten

Tofu Gemüsestrudel

1 Für den Strudelteig alle Zutaten zu einem festen Teig verkneten, mit Folie abdecken und 30 Minuten ruhen lassen.

2 In der Zwischenzeit den Tofu klein würfeln.

3 Lauch und Möhren putzen, waschen und in sehr kleine Würfel schneiden.

4 Die Champignons säubern und blättrig schneiden.

5 Die Knoblauchzehe häuten und durchpressen.

6 Das Öl in einer Pfanne erhitzen, den Tofu und das Gemüse darin anschmoren.

7 Salz, Pfeffer, Nüsse und Kerne zufügen.

8 Die Kräuter waschen, klein hacken und zusammen mit der Crème fraîche unter die Masse mischen.

9 Den Strudelteig sehr dünn zu einer viereckigen Platte ausrollen und auf ein bemehltes Küchentuch legen.

10 Die Füllung darauf verteilen, dabei einen Rand von 3 Zentimeter freilassen. Den linken und rechten Teigrand einschlagen und mit Hilfe des Tuches den Strudel einrollen.

11 Den Strudel auf ein geöltes Backblech legen, mit Sahne bepinseln und bei 200 °C 30 Minuten backen.

Variante Statt dem angegebenen Gemüse 1 Kilogramm Spinat oder 500 Gramm Sauerkraut verwenden.

Saucenbeilagen

Kressesauce Dazu benötigt man 100 Gramm ausgelesene Kresse. Von 200 Gramm saurer Sahne einige Esslöffel abnehmen und die Kresse damit pürieren. Dann die restliche Sahne mit ½ Teelöffel Salz und ¼ Teelöffel schwarzen Pfeffer würzen und gut verrühren.

Joghurtsauce 200 Gramm Sahnejoghurt mit 3 Esslöffeln Zitronensaft, 2 Esslöffeln Frischkäse, Salz, Pfeffer und 1 gepressten Knoblauchzehe pürieren. Mit 4 Esslöffeln frischen, fein gehackten Kräutern verfeinern.

Maritime Tofuröllchen

1 ½ Liter Wasser, das Lorbeerblatt und die beiden Pfefferkörner zum Kochen bringen, 15 Minuten ziehen lassen, dann abseihen.
2 Die geputzten Wirsingblätter 5 Minuten in dem Gewürzsud ziehen lassen, herausnehmen und zur Seite stellen.
3 Die Zitrone heiß waschen, trocken tupfen, sehr dünn abschälen, die Hälfte der Schale mit den Wakamealgen in die heiße Brühe geben und 30 Minuten einweichen. Die Zitronenschale und die Algen aus dem Sud nehmen und beide Zutaten hacken.
4 Den Tofu mit einer Gabel fein zerdrücken, salzen, pfeffern und mit den Algen vermischen.
5 Die Wirsingblätter gleichmäßig mit der Tofu-Algen-Füllung bestreichen, die Ränder einschlagen und zusammen rollen. Jede Rolle einmal in der Mitte durchschneiden.
6 Inzwischen für die Sauce die restliche Zitronenschale und die geputzte Möhre in dünne Stifte schneiden.
7 100 Milliliter Kochsud in einer tiefen Pfanne zum Kochen bringen, die Rollen mit der Schnittfläche nach oben in die Sauce legen und 10 Minuten köcheln lassen.
8 Die Zitronen- und Möhrenstifte nach 5 Minuten zufügen und mitgaren.
9 Die Röllchen vorsichtig aus dem Sud auf eine vorgewärmte Servierplatte legen.
10 Den Sauerrahm zufügen, die Sauce mit Salz und Pfeffer abschmecken und um die Röllchen verteilen.
11 Den Schnittlauch in feine Röllchen schneiden und darüber streuen.

Info Algen sind für die vegetarische Lebensweise unerlässlich, sie liefern das notwendige Jod und ergänzen die Gerichte mit einer Extraportion Mineralstoffe! Leider wird es immer schwieriger, Algen in Bioläden oder Reformhäusern zu erwerben, da der Gesetzgeber deren Verkauf massiven Kontrollen unterzogen hat. Grund dafür ist der hohe Jodgehalt.

Für 2 Personen

Füllung
- 1 Lorbeerblatt
- 2 Pfefferkörner
- 8 Wirsingblätter
- 1 Zitrone, unbehandelt
- 8 Wakamealgen, à 20 cm (siehe Quellennachweis, Seite 95)
- 300 g Tofu
- ½ TL Salz
- ¼ TL Pfeffer

Sauce
- 1 Möhre
- 200 g Sauerrahm
- Salz, Pfeffer
- 1 Bund Schnittlauch

Zeit: 50 Minuten

Für 4 Personen

Zutaten

- 400 g Tofu
- 1 EL Cenofix
- 1 EL Tamari
- ½ TL weißer Pfeffer
- 8 EL Mehl, Type 1050
- 2 TL Gemüsebrühe
- abgeriebene Schale von ½ Zitrone
- ½ TL Zucker
- 1 EL Obstessig
- 1 EL mittelscharfer Senf
- ½ TL Paprikapulver
- 1 Becher Crème fraîche
- Saft von ½ Zitrone
- ½ TL Dill, gehackt

Zeit: 20 Minuten

Tofu in pikanter Senfsauce

1 Den Tofu in Würfel schneiden, mit Cenofix und Tamari beträufeln und mit Pfeffer bestäuben.

2 Das Mehl mit einigen Esslöffeln Wasser glatt verrühren.

3 In 1 Liter Wasser die gekörnte Gemüsebrühe auflösen und zusammen mit der Zitronenschale zum Kochen bringen.

4 Das angerührte Mehl zufügen, unter Rühren bei mittlerer Hitze aufkochen lassen.

5 Den Tofu zufügen und nochmals aufkochen lassen.

6 Zucker, Obstessig, Senf und Paprikapulver zugeben und alles 5 Minuten bei milder Hitze ziehen lassen.

7 Den Becher Crème fraîche, Zitronensaft und kleingeschnittenen Dill zugeben und verrühren.

Beilagen Mit Salzkartoffeln und Salat servieren.

Eher eine klassische Variante der Tofuzubereitung: Gewürfelter Tofu in einer pikanten Senfsauce.

Tofugeschnetzeltes

Für 4 Personen

Zutaten
- 300 g Tofu
- 1 Möhre
- 200 g Austernpilze
- 4 EL Sojaöl
- Salz, Pfeffer
- 100 g Erbsenschoten
- 2 EL Mehl
- ⅛ l Apfelsaft
- ⅛ l Gemüsebrühe
- 1 TL Gemüsebrühe

Zeit: 30 Minuten

1 Den Tofu in Scheiben schneiden und einige Stunden einfrieren.

2 Die Möhre putzen, 5 Minuten in kochendem Salzwasser garen und in dünne Stifte schneiden.

3 Den Tofu auftauen lassen, in Streifen schneiden und die überschüssige Flüssigkeit gut ausdrücken.

4 Die Austernpilze in längliche Streifen schneiden.

5 3 Esslöffel Öl erhitzen, die Tofustreifen darin knusprig braten und an den Pfannenrand schieben.

6 Dann die Austernpilze anbraten, salzen, pfeffern und zu den Tofustreifen an den Pfannenrand schieben.

7 Das restliche Öl in die Pfanne gießen und die Erbsenschoten und Möhrenstifte unter Rühren anschmoren.

8 Wenn alles durchgebraten ist, Mehl darüber stäuben, mit Apfelsaft und Gemüsebrühe löschen; nochmals aufkochen lassen und bei Bedarf mit Salz, Pfeffer und gekörnter Gemüsebrühe abschmecken.

Beilage Reis und Salat

Tip Für viele Gerichte ist eingefrorener Tofu aufgrund seiner Struktur besser geeignet. Er wird durch das Gefrieren bissfester. Es empfiehlt sich, immer etwas Tofu im Tiefkühlfach zu haben, damit auch nach Rezepten, die gefrorenen Tofu verlangen, ohne Wartezeit gekocht werden kann. Wenn jedoch gerade kein gefrorener Tofu zur Hand ist, kann man die Tofuscheiben in Öl, das mit Sojasauce gemischt wurde, auf beiden Seiten knusprig braten, abkühlen lassen und dann in Streifen schneiden.

Tip Tofu enthält wichtige Nährstoffe für den Menschen. In 100 Gramm Tofu sind 11 Gramm Eiweiß, 2½ Gramm Kohlenhydrate, nur 5 Gramm Fett und überhaupt kein Cholesterin zu finden.

Für 4 Personen

Zutaten

- 2 altbackene Brötchen
- 2 Schalotten
- 1 kleine Zucchini
- 1 rote Paprikaschote
- 250 g Champignons
- 2 EL Öl
- 100 g Sonnenblumenkerne
- 300 g Tofu
- knapp ½ unbehandelte Zitrone
- 3 EL Tamari
- ½ TL Muskatpulver
- 2 gehäufte TL Gemüsebrühe, gekörnt
- je ½ TL Salz, weißer Pfeffer
- 1 Bund Petersilie oder 3 EL Majoran
- 100 g Hirse, fein gemahlen
- 2 TL Backpulver
- 6 EL Sojaflocken
- Butter und Semmelbrösel für die Form

Zeit: 2 Stunden und 30 Minuten

Die Masse kann auch in einer feuerfesten Form mit Alufolie abgedeckt und in der Backröhre gegart werden. Reste kalt als Brotbelag verwenden!

Tofu-Gemüsepudding

1 Die Brötchen in heißem Wasser einweichen.

2 Inzwischen die Schalotten, die Zucchini und Paprika putzen und klein würfeln. Die Champignons ebenfalls putzen und blättrig schneiden.

3 Das Öl erhitzen, die Sonnenblumenkerne darin anrösten, aus der Pfanne nehmen und zur Seite stellen. 2 Esslöffel zum Verzieren aufheben.

4 Nun das vorbereitete Gemüse in dem heißen Öl anschmoren, und zugedeckt 5 Minuten dünsten.

5 Den Tofu mit einer Gabel zerdrücken und in eine große Schüssel geben.

6 Die Zitrone heiß waschen, trocknen und etwa die Hälfte der Schale abreiben. 2 Esslöffel Zitronensaft auspressen und mit dem Tofu verrühren.

7 Die eingeweichten Brötchen ausdrücken und zur Tofumasse geben.

8 Die gerösteten Sonnenblumenkerne, Tamari, Muskatpulver, Gemüsebrühe, Salz und Pfeffer zufügen und gut verrühren.

9 Die Petersilie waschen und trocknen. Die Blätter abzupfen, fein hacken und zugeben.

10 Das Hirsemehl mit dem Backpulver verrühren und zusammen mit den Sojaflocken den übrigen Zutaten zufügen und gut vermengen.

11 Eine Puddingform mit Deckel reichlich mit Butter ausstreichen und mit Semmelbröseln ausstreuen.

12 Die Puddingmasse einfüllen und den Deckel mit einer Klammer verschließen.

13 Die Puddingform in einen hohen Topf stellen. So viel kochendes Wasser zugießen, bis die Form anfängt zu schwimmen. Im köchelnden Wasserbad 2 Stunden garen lassen – ab und zu kochendes Wasser nachgießen.

14 Die Form aus dem Wasserbad nehmen, etwas abkühlen lassen und den Pudding auf eine Servierplatte stürzen.

15 Den Gemüsepudding mit den zurückbehaltenen Sonnenblumenkernen verzieren.

Beilage Weißbrot

Schnelle Küche mit Soja und Tofu

Wenn Sie öfter mal etwas Besseres vorhaben, als in der Küche zu stehen, sich aber trotzdem gesund ernähren wollen, sind kleine Sojagerichte eine gute Entscheidung. Die hier vorgestellten Rezepte sollen Ihnen lediglich als Ansatz für Ihre eigenen kreativen Versuche gelten, denn gerade wenn es schnell gehen muss, ist oft nicht viel Zeit zum Durchblättern eines Kochbuches oder zum Suchen nach ungewöhnlichen Ingredienzen. Noch ein Hinweis zum entspannten Kochen: Es empfiehlt sich, alle Zutaten zunächst herzurichten. Damit kann die Zubereitungszeit bestimmt eingehalten werden, und es entsteht weder Hektik beim Kochen noch Stress, wenn einmal doch nicht genau das angegebene Produkt zur Verfügung steht. Die folgenden Gerichte können überwiegend mit Lebensmitteln aus der Vorratskammer oder aus dem Kühlschrank gekocht werden.

Scrambled Tofu

Dieses Gericht gleicht Rühreiern und lässt sich sowohl zu einem Sonntagsbrunch wie auch als schnelle Beilage zu Hauptgerichten aus Getreide, Gemüse oder Kartoffeln reichen oder als schnelle Zwischenmahlzeit bzw. Abendessen auf Buttertoast servieren.

Für 4 Personen

Zutaten

- 1 Schalotte
- 1 EL Öl
- 300 g Tofu
- 2 EL Sojasauce
- 3 EL Sojamilch oder Wasser
- 1 EL Hefeflocken
- 1 TL Gemüsebrühe, gekörnt
- ¼ TL Knoblauchpulver
- ¼ TL schwarzer Pfeffer
- 1 Zweig Basilikum oder grünen Koriander

Zeit: 15 Minuten

1 Die Schalotte waschen, schälen und in kleine Stücke schneiden.

2 Öl in einer Pfanne erhitzen und die Schalottenstückchen darin goldgelb andünsten.

3 Den Tofu mit einer Gabel zerdrücken, zufügen und anschmoren lassen.

4 Sojasauce, Sojamilch oder Wasser und Hefeflocken gleichmäßig über den Tofu verteilen. Unter ständigem Rühren weiterbraten.

5 Mit der Gemüsebrühe, dem Knoblauchpulver und dem Pfeffer würzen. Nochmals gut durchrühren.

6 Mit Basilikum- oder Korianderblättern verzieren.

Variante Eine Abwechslung für die Geschmacksnerven ist, anstelle der Gemüsebrühe 1 Esslöffel Currypulver oder mildes Paprikapulver unter zu mischen.

Tofu-Mais-Fladen in Tomatensauce

Für 4 Personen

Zutaten

- 1 TL Gemüsebrühe, gekörnt
- ½ TL Salz
- ¼ TL Pfeffer
- 100 g Maismehl
- 2 EL Sojamehl, vollfett
- 1 kleine Dose Maiskörner
- 3 EL Öl
- 1 Bund oder 1 Packung tiefgekühlter Schnittlauch

Sauce

- 1 Zwiebel
- 1 EL Olivenöl
- 2 Knoblauchzehen
- 3 EL Mehl
- ½ l passierte Tomaten
- 2 EL Tomatenmark
- ½ TL Gemüsebrühe, gekörnt
- ¼ TL Pfeffer
- 1 kleine Dose geschälte Tomaten
- 1 Bund frisches oder 1 Packung tiefgekühltes Basilikum

Zeit: 25 Minuten

1 In 200 Milliliter heißem Wasser die gekörnte Gemüsebrühe auflösen, Salz und Pfeffer zufügen.

2 Das Maismehl langsam einrieseln lassen und mit einem Schneebesen gut verschlagen, so dass keine Klümpchen bleiben; 10 Minuten quellen lassen.

3 Während der Quellzeit die Tomatensauce zubereiten: Dazu zunächst die Zwiebel schälen und klein würfeln.

4 Das Öl in einem Topf erhitzen und die Zwiebeln darin glasig andünsten.

5 Die geschälten Knoblauchzehen durch eine Presse drücken und kurz mit andünsten.

6 Das Mehl darüber streuen und unter ständigem Rühren mit den passierten Tomaten ablöschen.

7 Dann das Tomatenmark zugeben und gut verrühren und mit der gekörnten Gemüsebrühe und dem Pfeffer würzen.

8 Die geschälten Tomaten klein schneiden und zufügen. Die Sauce bei milder Hitze köcheln lassen und mit den Basilikumblättern verfeinern. Die Sauce warm halten.

9 Nach der Quellzeit die Maisfladen fertig stellen: Das Sojamehl in den aufgequollenen Maisteig einrühren.

10 Die Maiskörner aus der Dose abgießen und untermengen.

11 Das Öl in einer Pfanne erhitzen und jeweils eine kleine Schöpfkelle voll Teig in das heiße Öl geben. Die Fladen auf beiden Seiten etwa 5 Minuten knusprig braten.

12 Mit fein gehacktem Schnittlauch bestreuen und mit der heißen Tomatensauce servieren.

Beilage Salat

Variante Sollten Sie einmal keine Tomatensauce mögen, können Sie die Maisfladen auch mit Käse belegt servieren.

Info Dieses Gericht ist vom italienischen Klassiker, der Polenta, abgeleitet. Die »Pasta Norditaliens« ist ein Sattmacher, der eigentlich nur aus Wasser, Salz und Maisgrieß besteht.

Tofuschnitzel paniert

Für 4 Personen

Zutaten

- 400 g Tofu
- 1 EL Cenofix (oder Maggi)
- ½ TL Salz
- ¼ TL Pfeffer
- Okara-Paniermehl (siehe Quellennachweis, Seite 95) oder herkömmliches Paniermehl
- 3 EL Öl
- 1 unbehandelte Zitrone

Zeit: 15 Minuten

1 Den Tofu in Scheiben schneiden, mit Maggi beträufeln, salzen und pfeffern.
2 Das Paniermehl in einen flachen Teller geben, die Tofuscheiben darin wenden und das Paniermehl gut fest drücken.
4 Das Öl in einer Pfanne erhitzen und die Tofuschnitzel darin auf beiden Seiten knusprig braten.
5 Die Zitrone achteln und die Tofuscheiben damit garnieren. Heiß servieren.

Kartoffel-Soja-Gratin

Für 12 Personen

Zutaten

- 1 kg Kartoffeln
- 3 EL Öl
- ½ TL Majoran
- ½ TL Salz
- ½ TL Muskatpulver
- 1 Dose Champignons
- 1 Dose Sojabohnen
- 3 EL Sojagen
- 100 g geriebener Käse
- 1 EL Butter

Zeit: 30 Minuten

1 Die Kartoffeln gut bürsten und ungeschält grob raspeln.
2 Die Hälfte des Öls in einer Pfanne erhitzen und die Hälfte des Majorans kurz darin anrösten lassen.
3 Die Hälfte der Kartoffeln zufügen, unter Rühren 3 Minuten braten und in eine Auflaufform geben; mit Salz und Muskatpulver würzen. Dann die restlichen Kartoffeln auf dieselbe Weise braten und würzen.
4 Die Champignons, je nach Größe, vierteln, über die erste Lage Kartoffeln verteilen; mit der zweiten Hälfte gebratener Kartoffeln bedecken.
5 Die Sojabohnen abgießen, die Flüssigkeit auffangen und mit dem Sojagen verrühren. Die Bohnen mit einer Gabel zerdrücken und über die Kartoffelschicht verteilen.
6 Den Käse darüber streuen und die Butterflöckchen darauf verteilen.
7 In der auf 200 °C vorgeheizten Backröhre 15 Minuten backen.

Variante Mit frischen Champignons wird das Gericht noch aromatischer und nährstoffreicher. Die Champignons vorsichtig putzen, je nach Größe vierteln oder achteln und zusammen mit den Kartoffeln kurz anbraten. Dazu benötigt man aber 5 Minuten länger.

Für 4 Personen

Zutaten

- 3 EL Butterschmalz oder Öl
- 1 Zwiebel
- 1 Lorbeerblatt
- 4 Wacholderbeeren
- ¼ TL Pfeffer, schwarz
- 500 g tiefgekühlter Tofu
- 4 EL Mehl
- ⅛ l Obstessig
- ⅛ l Apfelsaft, naturtrüb
- 4 EL Sojagen

Zeit: 20 Minuten

Ein weiteres Beispiel der vielfältigen Verwendbarkeit von Tofu bietet das Tofuragout.

Tofuragout

1 In einem Schmortopf Butterschmalz oder Öl erhitzen, die klein gewürfelte Zwiebel kurz darin anbraten, Lorbeerblatt, Wacholderbeeren und Pfeffer zufügen.

2 Den aufgetauten, zwischen zwei Brettern ausgedrückten Tofu in Streifen schneiden und zu den Zwiebeln geben.

3 Das Mehl darüber streuen, mit dem Obstessig ablöschen, aufkochen und die Hälfte des Apfelsaftes dazugießen.

5 Das Sojagen mit dem restlichen Apfelsaft verrühren und mit der Sauce vermischen. Das Ganze nochmals erhitzen.

Beilagen Nudeln und Salat

Variante ½ Tasse Ananasstückchen mit erhitzen und Ananassaft statt Apfelsaft verwenden. Dazu Basmatireis servieren.

Gefüllte Buchweizenfladen

Für 4 Personen

Zutaten

- ¼ l Milch oder Sojamilch
- 200 g Buchweizenmehl
- 150 g Weizenmehl
- ½ Päckchen Trockenhefe
- ½ TL Salz
- 2 EL Sojamehl
- 3 EL Öl

Füllung

- 1 Gemüsezwiebel
- 1 kleine Zucchini
- 1 kleiner Apfel
- 1 EL Öl

Zeit: 25 Minuten

1 250 Milliliter Wasser und Milch in einem Topf erhitzen, das Buchweizenmehl einstreuen und 2 Minuten quellen lassen.
2 Das Weizenmehl und die Trockenhefe zufügen und die Masse weitere 10 Minuten aufgehen lassen.
3 Anschließend das Salz und das Sojamehl zufügen und gut verrühren. Die Konsistenz sollte einem Pfannkuchenteig gleichkommen.
4 Einen Teil des Öls erhitzen und die Fladen auf einer Seite anbraten, wenden, in die Mitte einen gehäuften Esslöffel Füllung geben, zusammenklappen und bei mittlerer Hitze fertigbraten.
5 In der vorgeheizten Backröhre warm stellen.

Füllung

6 Während der Quellzeit des Teigs die Füllung vorbereiten: dazu die Zwiebel schälen und würfeln.
7 Die Zucchini und den Apfel waschen und klein schneiden.
8 Etwas Öl in einer Pfanne erhitzen, zunächst die Zwiebeln glasig dünsten, dann die Zucchini- und Apfelwürfel zufügen. 5 Minuten dünsten lassen.

Beilage Saure Sahne

Variante 1 Stange Lauch, 200 Gramm Sojasprossen und 200 Gramm Champignons als Füllung verwenden, nach Geschmack mit Knoblauch würzen.

Info Buchweizen oder Heidekorn gehört nicht zu der Getreidefamilie, sondern ist ein Verwandter der Rhabarber- und Sauerampferpflanzen. Er wird aber, wie Getreide, in ganzen Körnern, als Grütze, in Flocken und als Mehl verkauft und wie Getreide zubereitet. Sein Name Heidekorn lässt sich aus zwei Hintergründen erschließen: Zum einen, dass die Tataren, die »Heiden«, im 14. Jahrhundert Buchweizen aus Zentralasien nach Russland mitbrachten, zum anderen, dass er bevorzugt auf karstigen Heideböden wächst.

Sesamtofu

Für 4 Personen

Zutaten
- 5 EL Wasser
- 1 TL Gemüsebrühe, gekörnt
- 2 Möhren
- 1 Stange Staudensellerie
- 500 g Räuchertofu
- ½ Tasse Gomasio
- 3 EL Öl

Zeit: 15 Minuten

1 Das Wasser zum Kochen bringen und die gekörnte Gemüsebrühe zufügen.
2 Die Möhren und die Selleriestange putzen, waschen, der Länge nach halbieren und 5 Minuten in der Gemüsebrühe bei milder Hitze ziehen lassen.
3 Inzwischen den Räuchertofu in spaghettidünne, lange Streifen schneiden und im Gomasio wenden.
4 Wenn die Möhren und der Sellerie bissfest gegart sind, in ebenso große Streifen schneiden.
5 Das Öl in einer Pfanne erhitzen, den Tofu darin anbraten, die Gemüsestücke zufügen und unter Rühren fertigbraten.

Beilagen Mit Baguette, Basmatireis oder Kartoffelpüree servieren.

Bulgur mit Linsen und Brokkoli

Für 4 Personen

Zutaten
- 3 Tassen Wasser
- 1 TL Gemüsebrühe, gekörnt
- 1 Tasse halbierte, rote Linsen
- 2 Tassen Bulgur
- 1 Salatgurke
- 1 EL Öl
- 1 mittelgroßer Brokkoli
- ¼ TL Pfeffer
- 200 g Sauerrahm
- 2 EL Sojasauce

Zeit: 30 Minuten

1 Das Wasser mit der Gemüsebrühe zum Kochen bringen.
2 Die Linsen waschen, zufügen und 10 Minuten köcheln lassen.
3 Den Bulgur zu den Linsen geben und 5 Minuten mitkochen lassen.
4 Die Salatgurke schälen, in Würfel schneiden, zu den Linsen und zum Bulgur geben, einige Minuten kochen lassen. Zugedeckt noch 10 Minuten ausquellen lassen. Wenn nötig Wasser zugeben.
5 Nach dem Garen Öl darüber träufeln.
6 Inzwischen etwas Wasser für den Brokkoli zum Kochen bringen, den gewaschenen Brokkoli zerteilen und bei geringer Hitze dünsten.
7 Pfeffer, Sauerrahm und Sojasauce verrühren und über dem Brokkoli verteilen.
8 Mit einer angefeuchteten Schöpfkelle Kugeln aus der Bulgurmasse formen und mit dem Brokkoli anrichten.

Tip Bulgurreste zu Bratlingen formen und ausbacken.

Gebackener Kürbis

1 Den Kürbis schälen und in mittelgroße gleiche Scheiben schneiden.
2 Den Tofu mit Salz und Pfeffer würzen, pürieren, dann die saure Sahne unterziehen.
3 Gomasio und den geriebenen Käse in einem flachen Teller vermischen.
4 Das Paniermehl ebenfalls in einen flachen Teller geben.
5 Jeweils eine Kürbisscheibe zunächst in dem Gomasio-Käse-Gemisch wenden. Dann immer zwei Scheiben zusammensetzen.
6 Die Scheiben mit der Tofumasse bestreichen und panieren.
7 Das Öl erhitzen und die Kürbisscheiben auf jeder Seite etwa 5 Minuten knusprig braten.
8 Den gebackenen Kürbis mit Zitronenachteln servieren.

Beilage Kartoffelpüree

Für 4 Personen

Zutaten
- 1 kleiner Kürbis (etwa 1 kg)
- 100 g Tofu
- ½ TL Salz
- ¼ TL Pfeffer
- 200 g saure Sahne
- ¼ Tasse Gomasio
- 100 g geriebener Käse
- ¼ Tasse Okara-Paniermehl
- 4 EL Öl
- 1 unbehandelte Zitrone

Zeit: 30 Minuten

Quick Lasagne

1 Das Sojahack in 125 Milliliter heißem Wasser verrühren, die geschälten Tomaten und das Tomatenmark untermischen, dabei die Tomaten zu Würfeln zerkleinern. Mit Salz und Pfeffer würzen und 10 Minuten ziehen lassen.
2 Inzwischen die Nudeln halb gar kochen.
3 Die Zwiebeln häuten und klein hacken.
4 Das Öl in einer Pfanne erhitzen, die Zwiebeln goldgelb andünsten, dann das Sojahack unter Rühren anbraten.
5 Öl in eine Auflaufform geben und die Hälfte der Nudeln hineinschichten.
6 Den Mozzarellakäse klein schneiden, auf den Nudeln verteilen und mit der Sojasauce beträufeln.
7 Die Sojamasse darüber geben und mit den restlichen Nudeln bedecken.
8 Den geriebenen Käse darauf verteilen, mit Butterflöckchen bestreuen und 10 Minuten überbacken.

Beilage Bunter Salat

Für 4 Personen

Zutaten
- 100 g Sojahack (ungewürzt)
- 400 g geschälte Tomaten
- 1 EL Tomatenmark
- ½ TL Salz
- ¼ TL Pfeffer
- 500 g Soja-Bandnudeln
- 2 Zwiebeln
- 2–3 EL Öl
- 1 Packung Mozzarella
- 2 EL Sojasauce
- 100 g geriebener Käse
- 1 EL Butter

Zeit: 25 Minuten

Gesundes für zwischendurch – Tofu- und Sojasnacks

Besonders bei Kindern und Jugendlichen, bei älteren Menschen oder bei Berufstätigen werden sie immer beliebter: Snacks für den kleinen Hunger zwischendurch. Dass diese kleinen Gerichte noch zusätzlich einen gesundheitlichen Gewinn einbringen, können Sie durch die Wahl der Zutaten bestimmen. Zwischenmahlzeiten sollten nicht belasten und ausgewogen sein. Außerdem sollten sie viel Energie und Nährstoffe liefern. Das alles bieten Soja- und Tofusnacks. Und: Der gute Geschmack kommt dabei auf keinen Fall zu kurz!

Misosuppe

Für 4 Personen

Zutaten

- 2 EL Hizikialgen (siehe Quellennachweis, Seite 95)
- 1 kleine Rote Bete
- 1 Möhre
- 1 Frühlingszwiebel
- 1 Tasse Kürbis, Gurke, Zucchini oder Aubergine, gewürfelt
- 50 g Glasnudeln
- 1 EL Miso
- 1 Bund Kräuter, nach Jahreszeit
- 3 EL Sojasauce
- 1 EL Sojaöl

Zeit: 15 Minuten

1 Die Algen gründlich waschen, 750 Milliliter Wasser aufkochen lassen.

2 Die Rote Bete schälen, die Möhre bürsten, beides grob raspeln und einige Minuten mit in der Brühe köcheln lassen.

3 Die Frühlingszwiebel in kleine Ringe schneiden, das gewürfelte Gemüse zugeben und das Ganze 10 bis 15 Minuten ebenfalls in der Brühe kochen.

4 Dann die Glasnudeln zufügen, kurz aufkochen lassen und den Topf von der Kochstelle nehmen.

5 In eine Tasse etwas kochende Brühe abschöpfen und das Miso damit glatt rühren.

6 Die Kräuter waschen, kleinschneiden und mit dem angerührten Miso, der Sojasauce und dem Öl unter die Suppe ziehen.

Tip Versuchen Sie diese Misosuppe am Vormittag anstelle des ersten oder zweiten Frühstücks. Falls Ihnen das schmeckt, könnte diese kleine Mahlzeit eine Energiequelle werden, die Sie nicht mehr missen möchten!

Soja-Oliven-Fladen

1 Oliven, Zwiebel und Knoblauch klein hacken und mit dem Oregano vermengen.

2 Mehl, Hefe und 400 Milliliter warmes Wasser zugießen. Mit Sojamehl, -lezithin und Salz mit einem Knethaken zu einem Hefeteig verrühren.

3 Die Hälfte der gehackten Zutaten untermengen.

4 Den Teig warmstellen, wenn sein Volumen verdoppelt ist, 12 Bällchen formen, auf einer bemehlten Fläche zu handtellergroßen Fladen ausrollen.

5 Die restlichen Zwiebelwürfel daraufgeben, mit Käse bestreuen.

6 2 Backbleche mit Olivenöl bestreichen, die Fladen darauf verteilen, in die auf 50 °C vorgeheizte Backröhre geben. Nach 5 Minuten auf 220 °C erhitzen, die Bleche herausnehmen und erst wenn die gewünschte Backtemperatur erreicht ist, 15 Minuten backen lassen.

Für 4 Personen

Zutaten

- 100 g schwarze Oliven, entsteint
- 1 Gemüsezwiebel
- 1 Knoblauchzehe
- 1 EL Oregano
- 450 g Weizenmehl, Type 1050
- 1 Päckchen Trockenhefe
- 350 ml warmes Wasser
- 3 EL Sojamehl, vollfett
- 1 EL Sojalezithin flüssig (siehe Quellennachweis, Seite 95)
- ½ TL Salz
- 200 g Hartkäse, gerieben
- Olivenöl

Zeit: 40 Minuten

Die Zutaten für die Misosuppe erhalten Sie in jedem Asiengeschäft oder Bioladen.

Blätterteigtortillas

Für 5 Stück

Zutaten
- 1 Packung Tiefkühlblätterteig (450 g = 10 Stück)
- Öl zum Bestreichen der Backbleche
- 300 g Räuchertofu
- 5 Tomaten
- 200 g geriebener Käse
- ½ TL Salz
- ¼ TL Pfeffer

Zeit: 25 Minuten

1 Die Backröhre auf 200 °C vorheizen.

2 Die Blätterteigscheiben aus der Packung nehmen, auf 3 leicht beölte Backbleche verteilen und 5 Minuten auftauen lassen.

3 Inzwischen den Räuchertofu in dünne Scheibchen schneiden.

4 Die Tomaten mit kochendem Wasser überbrühen, kurz ziehen lassen, häuten, die Kerne auspressen und die Frucht würfeln.

5 Eine Hälfte der Teigblätter mit dem Käse bestreuen, die andere Hälfte mit den Tomaten- und Tofuwürfeln belegen, salzen und pfeffern.

6 Beide Bleche in die Backröhre schieben, wobei die Teigblätter mit Käse nach oben, die anderen auf den Boden der Backröhre kommen.

6 In etwa 10 bis 15 Minuten knusprig backen. Anschließend jeweils eine Käse- mit einer Tomaten-Tofu-Hälfte zusammensetzen. Bei Bedarf mit Kräutersalz nachwürzen.

Tofu-Kartoffel-Tortilla

Für 6 Stück

Zutaten
- 1 Zwiebel
- 1 Knoblauchzehe
- 1 grüne Paprikaschote
- 1 rote Paprikaschote
- 100 g Mais, tiefgekühlt
- 100 g Hartkäse, gerieben
- ¼ TL Kurkuma
- 1 kg Kartoffeln
- 300 g Tofu
- ¼ l heißes Wasser
- 1 gestrichener TL Salz
- ¼ TL Pfeffer
- 8 EL Olivenöl

Zeit: 25 Minuten

1 Die Zwiebel und die Knoblauchzehe schälen und klein würfeln.

2 Die Paprikaschoten putzen, klein schneiden und mit den Zwiebel-Knoblauch-Würfeln in eine Schüssel geben.

3 Mais, Käse und Kurkuma zufügen und vermengen.

4 Die Kartoffeln bürsten und grob raffeln.

5 Den Tofu mit dem heißen Wasser und den Gewürzen mixen und mit den Kartoffeln vermischen.

6 Das Öl auf zwei Pfannen verteilen und heiß werden lassen.

7 Jeweils 3 Portionen Kartoffel-Tofu-Masse in die Pfannen geben und glattstreichen. Die vorbereitete Gemüsemischung gleichmäßig darauf verteilen und etwas andrücken.

8 Die Tortillas auf einer Seite knusprig braten, wenden und in etwa 5 Minuten fertigbacken.

Tofu-Auberginen-Crossis

Für 4 Personen

Zutaten

- 300 g Tofu
- 2 EL Sojasauce
- 1 kleine Aubergine
- 1 Frühlingszwiebel
- 2 EL Olivenöl
- ½ TL Salz
- ¼ TL Pfeffer
- 8 Scheiben Vollkorntoast
- 1 Knoblauchzehe
- Pfeffer aus der Mühle
- 100 g geriebener Käse

Zeit: 20 Minuten

1 Die Backröhre auf 180 °C vorheizen.

2 Den Tofu in dünne Scheiben schneiden, auf einem Teller verteilen und mit der Sojasauce beträufeln.

3 Die Aubergine und die Zwiebel putzen und klein würfeln.

4 Das Olivenöl in einer Pfanne erhitzen und die Gemüse 10 Minuten darin braten. Dabei öfter umrühren und mit Salz und Pfeffer abschmecken.

5 Währenddessen die Vollkorntoastscheiben auf ein Backblech legen und in der Backröhre 5 Minuten rösten.

6 Die getoastete Seite mit der angeschnittenen Knoblauchzehe einreiben, das vorgegarte Gemüse darauf häufeln und mit den Tofuscheiben bedecken.

7 Den Pfeffer darüber mahlen, mit dem geriebenen Käse bestreuen und 10 Minuten überbacken.

Pumpernickel-Crossis

Für 4 Personen

Zutaten

- 300 g Tofu
- 1 TL Schabzigerklee
- 2 EL Butter
- ½ TL Salz
- ¼ TL Pfeffer
- 8 Scheiben Pumpernickel
- 2 EL Kapern

Zeit: 15 Minuten

1 Den Tofu in einem Teller mit der Gabel zerdrücken und mit dem Schabzigerklee vermengen.

2 Die Butter in einer Pfanne erhitzen und den Tofu 5 Minuten darin anbraten. Dabei öfter umrühren und mit Salz und Pfeffer abschmecken.

3 Inzwischen die Brotscheiben toasten.

4 Den Rührtofu darauf häufeln und mit den Kapern verzieren.

Info Als Schabzigerklee bezeichnet man ein Wildkraut aus den Alpen. Sein Name erhielt es von seiner Funktion für den Menschen: Das kleeähnliche Kraut wurde von den Almbauern als Würzkraut für Ziegenkäse verwendet. Der harte, luftgetrocknete Käse wurde zu kleinen Kegeln geformt und wiederum als Würze über Gerichte »geschabt« (gerieben). Heute ist dieses Kraut pulverisiert in Reformhäusern als »Schabzigerklee« erhältlich.

Für 4 Personen

Zutaten

- 100 g Sojahack, gewürzt
- 4 große Champignons
- 2 EL Olivenöl
- 4 große Scheiben Bauernbrot
- 1 Knoblauchzehe
- 100 g geriebener Käse

Zeit: 20 Minuten

Pilz-Crossis

1 Das Sojahack in 200 Milliliter Wasser einrühren, verquirlen und 10 Minuten quellen lassen.

2 Die Champignons putzen und in dünne Scheibchen schneiden.

3 Das Olivenöl in einer Pfanne erhitzen und das gequollene Sojahack unter Rühren 5 Minuten darin braten.

4 In der Zwischenzeit die Brotscheiben auf ein Backblech legen und 5 Minuten rösten.

5 Die Knoblauchzehe schälen, anschneiden und die getoasteten Brotseiten damit auf einer Seite einreiben.

6 Das durchgebratene Sojahack auf den Brotscheiben verteilen und glattstreichen. Dann die Champignons gleichmäßig darauf schichten.

7 Mit dem geriebenen Käse bestreuen und 10 Minuten in der auf 180 °C vorgeheizten Backröhre überbacken lassen.

Pilz-Crossis, als Zwischenmahlzeit bestens geeignet. Aber auch zu einem Glas Weißwein eine passende Beilage.

Süße Köstlichkeiten aus Soja und Tofu

Nicht nur für Naschkatzen von einem vollständigen Menü nicht wegzudenken: sahnige Cremes und Puddings, duftende Pfannkuchen und zarte Soufflés. Dass diese süßen Leckereien auch mit Soja und Tofu herzustellen sind, ist für viele Köche neu. Deshalb werden im Folgenden klassische und exotische Sojadesserts vorgestellt, mit denen Sie Familie und Freunde zum krönenden Abschluss einer Mahlzeit verwöhnen können. Und nebenbei versorgen Sie sie noch zusätzlich mit vielen Vitaminen- und Mineralstoffen, die in herkömmlichen Süßspeisen fehlen würden.

Tofu-Pfannkuchen

Für 4 Personen

Füllung
- 150 ml Milch
- 100 g Wal- oder Haselnüsse
- 100 g Zucker oder Succanat
- 30 g Rosinen
- abgeriebene Schale ½ Zitrone

Pfannkuchenteig
- 250 g Tofu
- ⅛ l Sojamilch oder Wasser
- 4 EL Honig
- 1 TL Bourbon Vanille
- 100 g Buchweizenmehl
- 100 g Weizenmehl
- 2 EL Sojamehl
- 2 EL Sojalezithin
- 1 Päckchen Backpulver
- Öl oder Butter zum Ausbacken

Zeit: 30 Minuten

1 Die Milch aufkochen lassen.

2 Die fein gemahlenen Nüsse, Zucker, Rosinen und Zitronenschale hinzufügen und kurz aufkochen lassen.

3 Buchweizenmehl, Weizenmehl, Sojamehl und -lezithin mit dem Backpulver vermischen.

4 Den Tofu mit der Sojamilch oder Wasser, dem Honig und der Vanille pürieren und über das Mehlgemisch gießen und zu einem Teig verrühren. Falls nötig etwas Flüssigkeit zufügen; der Teig sollte zähflüssig sein.

6 Öl in einer Pfanne erhitzen und sehr dünne Pfannkuchen backen; warmhalten, bis alle gebacken sind.

7 Die Haselnussmasse auf den Pfannkuchen verteilen, jeden Pfannkuchen wie eine Tüte zusammenfalten und mit Puderzucker bestreuen.

Variante Statt der Haselnussmasse kann eine Marmelade oder ein beliebiges Nuss- oder Obstmus verwendet werden.

Tip Die Pfannkuchen dünn mit Marmelade bestreichen, zu einem Turm aufschichten, in kleine Tortenstücke schneiden, mit Schlagsahne und Schokoladensauce servieren.

Tofu-Orangen-Pudding

Für 4 Personen

Zutaten

- 1 unbehandelte Orange
- 10 frische oder getrocknete, eingeweichte Datteln
- 300 g Tofu
- 8 EL Ahornsirup
- 4 Stück Waffelschalen, fertig gekauft

Zeit: 10 Minuten

1 Die Orange waschen, abtrocknen und die Schale abreiben. Dann halbieren und den Saft auspressen.

2 Die Datteln entkernen, das Fruchtfleisch in sehr feine Stückchen schneiden.

3 Tofu, Ahornsirup und Orangensaft pürieren, die geriebenen Orangenschalen zufügen und gut durchmischen. Anschließend die Datteln unterrühren.

4 Kühlen und in Waffelschälchen servieren.

Limonenpudding

Für 4 Personen

Zutaten

- 1 unbehandelte Zitrone
- 300 g Tofu
- 12 EL Ahornsirup
- ½ TL Bourbon Vanille
- 1 Limone

Zeit: 10 Minuten

1 Die Zitrone waschen, abtrocknen und die Schale abreiben. Die Frucht halbieren und den Saft auspressen.

2 Den Tofu mit dem Ahornsirup und dem Zitronensaft pürieren. Zunächst die Zitronenschalen, dann die Vanille zufügen und nochmals kurz mixen.

3 Die Creme kühlen und in Portionsschälchen füllen.

4 Die Limone waschen, trockenreiben und aus der Mitte 8 dünne Scheiben schneiden. Jede Scheibe einmal bis zur Mitte einkerben und jeweils 2 Scheiben wie einen Achter in die Mitte des Schälchens drapieren.

Tofu-Schokoladenpudding

Für 4 Personen

Zutaten

- 300 g Tofu
- 6 EL Öl
- 200 g Ursüße
- 50 g Kakao oder Carob
- 1 Päckchen Bourbon Vanillezucker
- Schokoladeraspeln

Zeit: 10 Minuten

1 Tofu und Öl pürieren.

2 Zucker, Kakao und Vanillezucker zufügen und nochmals durchmixen.

3 Die Creme in Gläser oder Dessertschalen füllen und mit Schokoladeraspeln verzieren. Gekühlt servieren.

Info Unter Carob versteht man die feingemahlenen, getrockneten Schoten des Johannisbrotbaums. Es gilt als beliebte Alternative zu Kakao- oder Schokoladenerzeugnissen.

Aprikosencreme

Für 4 Personen

Zutaten
- 20 Stück getrocknete, ungeschwefelte Aprikosen
- 300 g Tofu
- 6 EL Honig oder Ursüße
- 6 EL Sojaöl

Kühlzeit beachten!
Zeit: 15 Minuten

1 Die Aprikosen in ein Sieb geben und über einem Topf mit kochendem Wasser 10 Minuten dämpfen lassen; 2 Aprikosen zum Verzieren aufheben.
2 Tofu, Honig, Öl und die Aprikosen im Mixer zu einer Creme von gleichmäßiger Konsistenz pürieren.
3 Die Creme ½ Stunde in den Kühlschrank stellen, in Stielgläser oder Dessertschalen füllen und mit den zurückbehaltenen, in Streifen geschnittenen Aprikosen verzieren (zur Dekoration eignen sich auch frische Aprikosen, entsteint und fächerförmig aufgeschnitten).

Pfirsichsoufflé

Für 4 Personen

Zutaten
- 4 frische Pfirsiche
- etwas Butter für die Auflaufform
- 200 g Dinkel
- 1 Päckchen Backpulver
- 300 g Tofu
- 150 g Ursüße
- etwas Zitronensaft
- 1 Becher Joghurt
- ½ l Milch (Sojamilch)
- 1 EL Sojalezithin flüssig (siehe Quellennachweis, Seite 95)
- 2 EL cultured buttermilk (siehe Quellennachweis, Seite 95)
- 200 g Schlagsahne
- 1 Päckchen Vanillezucker

Zeit: 55 Minuten

1 Die Pfirsiche mit kochendem Wasser überbrühen, die Haut vorsichtig ablösen, die Frucht vierteln und in eine mit Butter gefettete Auflaufform geben.
2 Den Dinkel fein mahlen und mit dem Backpulver vermischen.
3 Den Tofu mit der Ursüße, etwas Zitronensaft, Joghurt, Milch, Sojalezithin und cultured buttermilk pürieren und in das Mehl einrühren.
4 Die Schlagsahne mit dem Vanillezucker steif schlagen, vorsichtig mit einem Schneebesen unter den Teig heben und alles gut miteinander vermengen.
5 Die Masse auf die Pfirsiche streichen und in der auf 200 °C vorgeheizten Backröhre 45 Minuten backen lassen. Falls das Soufflé nach der Hälfte der Garzeit bereits zu braun ist, mit Folie abdecken.

Variante Probieren Sie das Rezept als Bananen-Schokoladen-Auflauf. Anstatt der Pfirsiche 3 Bananen verwenden. Diese halbieren und in eine gefettete Auflaufform geben. Den Teig wie oben beschrieben zubereiten. Den Tofu mit den sonstigen Zutaten und zusätzlich noch mit ½ Tasse Kakao oder Carob und 5 Esslöffeln Milch pürieren.

Für 4 Personen

Zutaten

- 50 g Dinkel, fein gemahlen
- 2 EL Sojamehl
- 2 EL Sojalezithin
- 1 Becher Joghurt
- Mineralwasser
- 6–8 Äpfel
- Öl oder Butterschmalz zum Ausbacken
- Honig
- Zimt
- Zucker

Zeit: 40 Minuten

Apfelringe

1 Das Dinkel- und Sojamehl mit dem Sojalezithin, dem Joghurt und so viel Mineralwasser verrühren, dass ein dickflüssiger Teig entsteht.

2 Die Äpfel schälen, vom Kerngehäuse befreien und in Scheiben von knapp 1 Zentimeter Dicke schneiden.

3 Im Teig wenden und in Öl oder Butterschmalz ausbacken.

4 Etwas Honig darüber geben oder je nach Geschmack Zimt und Zucker darüber streuen.

Variante 1 Ausgebackenes Obst: Kichererbsenmehl statt Dinkelmehl über Nacht einweichen. Äpfel-, Bananen- oder Ananasscheiben in den Teig tauchen und ausbacken.

Variante 2 Ausgebackene Holunderblüten, ein gesundes Gericht aus Großmutters Zeiten, mit einem außergewöhnlichen Geschmack. Anstatt der Äpfel ungefähr 12 Holunderblüten verwenden. Am besten eignen sich Holunderblüten, die noch nicht ganz aufgeblüht sind. Die Blüten vorsichtig waschen und trockentupfen. Dann die Blüten in den Teig tauchen und in heißem Fett schwimmend ausbacken. Anschließend mit Zitronensaft beträufeln oder mit Zimt und Zucker servieren.

Info Sojalezithin flüssig ist der natürlichste Emulgator, der in der Reformküche als Eiersatz eingesetzt wird. Aus dem Flüssiglezithin wird das Sojagranulat mittels Verdampfen und Bleichen gewonnen. 1 Esslöffel flüssiges Sojalezithin entspricht 2 Esslöffeln Sojagranulat.
Ernährungsbewusste sollten flüssiges Sojalezithin bevorzugen (zwischen 1 Teelöffel und 2 Esslöffeln pro Tag), da hierin wichtige Biostoffe wie Vitamin E sowie Eisen und Magnesium enthalten sind.

Die Zutaten für die Comfreyschnitten beweisen es: Pfannkuchen müssen nicht unbedingt Eier enthalten.

Comfreyschnitten

Für 4 Personen

Zutaten

- 8 Comfreyblätter (Beinwellblätter)
- 250 g Dinkelmehl
- 2 EL Sojamehl
- 2 EL Sojalezithin
- ¼ TL Salz
- ½ l Milch
- Öl zum Ausbacken

Zeit: 30 Minuten

1 Comfreyblätter waschen und in Streifen schneiden.

2 Das Dinkel- und Sojamehl, Lezithin, Salz und Milch zu einem dickflüssigen Teig verrühren.

3 Die Blätterstreifen zugeben und 5 Minuten quellen lassen.

4 Öl in einer Pfanne erhitzen und kleine dicke Pfannkuchen ausbacken.

5 Süß oder salzig servieren.

Variante Die Pfannkuchen in 2 Zentimeter dicke Streifen schneiden und mit einer Sauce Ihrer Wahl übergießen.

Info Wenn die Natur erwacht, ist eine blutreinigende, kräftigende Comfreykur sehr wertvoll. Diese Comfreyschnitten kamen zu Großmutters Zeiten jedes Frühjahr auf den Tisch.

Soja in der Backstube

Für lockere Kuchen gibt es ein Zaubermittel: Sojamehl und Sojalezithin – besonders wenn keine Eier beim Backen verwendet werden sollen. Damit gelingt der Teig nicht nur immer, sondern wird zudem noch mit einer Extraportion Eiweiß und anderen Nährstoffen ausgestattet. Vollrohrzucker oder Honig als Süßalternative spenden Energie, Zutaten wie Nüsse oder Samen liefern zusätzliches Kalzium. Wer sich fettarm ernähren und trotzdem auf Kuchen nicht verzichten möchte: Okara verleiht Kuchen ein leicht nussartiges Aroma, ohne viel Kalorien! Schleckermäuler, Naturkostler und Figurbewusste kommen mit Sojabackwaren gleichermaßen auf ihre Kosten. Hier einige Beispiele, die Qualität und Geschmack bestens vereinigen.

Tortenboden Grundrezept

Für 4 Personen

Zutaten

- 100 g Basmatireis
- 200 g Mandeln, gerieben, oder Okara
- 2 gehäufte EL Sojamehl
- 2 EL Sojalezithin (siehe Quellennachweis, Seite 95)
- 2 EL cultured buttermilk (siehe Quellennachweis)
- 1 Päckchen Puddingpulver mit Sahnegeschmack
- 150 g Mehl, Type 1050
- 1 Päckchen Backpulver
- 100 g Margarine
- Schale ½ Zitrone oder 5 Tropfen Zitronenöl
- 150 g Ursüße
- 1 Päckchen Vanillezucker
- 200 g Sojamilch
- 200 g Joghurt
- 1 TL Butter
- Semmelbrösel für die Form

Zeit: 60 Minuten

1 Den Reis auf kleinster Stufe (d. h. sehr fein) mahlen.

2 Mandeln, Reismehl, Sojamehl, Lezithin, cultured buttermilk, Puddingpulver, Mehl und Backpulver in eine Schüssel geben und vermischen.

3 Aus Margarine, Zitronenschale oder -öl, Ursüße und Vanillezucker eine lockere Creme herstellen. Diese über das Mehlgemisch geben.

4 Sojamilch und Joghurt in einer Tasse verrühren, darüber gießen und mit einem Rührgerät einen zähflüssigen Teig herstellen. Bei Bedarf noch Wasser dazugeben und 10 Minuten quellen lassen.

5 Eine Springform einfetten und mit Bröseln ausstreuen.

6 Den Teig löffelweise in die Form geben und bei 180 bis 200 °C 45 Minuten backen.

Variante Schokoboden: Zusätzlich 100 Gramm Kakao oder Carob, 30 Gramm Ursüße, 3 Esslöffel Sahne oder Sojamilch mit den oben genannten Zutaten vermischen.

Früchtekugel

Für 2 Torten

Zutaten

- ½ l Sojamilch
- 1 Päckchen Puddingpulver mit Sahnegeschmack
- 2 EL Ursüße
- 1 Tortenboden (siehe Rezept Seite 88)
- ½ Tasse Wasser
- 100 g Rosinen
- 1 Fläschchen Rumaroma
- Marmelade zum Bestreichen
- 200 g Schlagsahne
- 2 Tassen Obst, klein geschnitten, wie z. B. Aprikosen, Kirschen, Birnen
- 1 Banane, in Würfel geschnitten
- 2–3 EL Aprikosenkonfitüre
- Schokolade zum Überziehen

Trockenzeit beachten!
Zeit: 60 Minuten

1 Von der Sojamilch ½ Tasse abnehmen, mit dem Puddingpulver und Zucker verrühren.
2 Die restliche Milch zum Kochen bringen. Den angerührten Pudding zufügen, mit einem Schneebesen verquirlen. Zum Abkühlen in ein kaltes Wasserbad stellen.
3 Den Teig für den Tortenboden vorbereiten, auf ein gut gefettetes Backblech streichen, bei 180 °C etwa 15 Minuten backen und auskühlen lassen.
4 Inzwischen das Wasser erhitzen, die Rosinen zufügen, den Topf vom Herd nehmen und abkühlen lassen; dann das Rumaroma dazugeben.
5 Zwei Dessertteller auf den Kuchenboden legen, die Ränder anzeichnen und 2 Kuchenplatten ausschneiden. Diese mit etwas Marmelade dünn bestreichen. Den restlichen Kuchenboden in 1 Zentimeter Stücke reißen.
6 Die Schlagsahne steif schlagen und unter den erkalteten Pudding heben. Achtung: Beide Zutaten müssen die gleiche Temperatur haben!
7 Die vorbereiteten Obst- und Kuchenstückchen zufügen, das Ganze vorsichtig durchmischen, dabei nicht zu lange rühren.
8 Die Masse auf den Kuchenböden zu einer halbrunden Kugel formen.
9 Die Aprikosenkonfitüre im Wasserbad erhitzen, die Kugeln damit bestreichen und am besten über Nacht, mindestens jedoch 3 Stunden, trocknen lassen.
10 Zum Schluss mit einem Schokoladenguss überziehen.

Tip Sollte einmal ein Tortenboden nicht ganz so gelungen sein, lässt sich dieser retten, indem man daraus diese Früchtekugeln zaubert.

Variane Rumspitzen. Dafür die oben beschriebene Masse auf kleine, runde Plätzchen (ca. 5 Zentimeter Durchmesser) zu Kegeln formen, ebenso mit Konfitüre bestreichen und mit Schokoladenguss überziehen.

Sahnetorte

Für 1 Torte

Zutaten

- 1 Tortenboden (siehe Rezept Seite 88)

Füllung

- ½ l Sahne
- 50 g Ursüße
- 2 Päckchen Sahnesteif
- 300 g Früchte wie Bananen, Mandarinorangen, Pfirsiche, Aprikosen, Ananas
- 50 g Haselnüsse, gerieben, oder Schokoladenstreusel

Zeit: 60 Minuten

1 Tortenboden nach dem Grundrezept backen, auskühlen lassen und in 3 gleichgroße Scheiben schneiden (oder 3 Böden backen).

2 Die Sahne mit dem Zucker und dem Sahnesteif aufschlagen.

3 Den untersten Boden dünn mit Sahne bestreichen.

4 Die zerkleinerten Früchte darauf verteilen und mit etwas Sahne bedecken.

5 Den zweiten Boden darauf legen, mit dem zweiten Drittel der Schlagsahne bestreichen, mit dem dritten Boden zudecken.

6 Rand und Oberfläche mit der restlichen Sahne überziehen und mit Nüssen oder Schokoladenstreuseln verzieren.

Variante Optisch reizvoll ist es, zwei helle Tortenböden und einen Schokoladenboden zu verwenden.

Seien Sie vorsichtig, wenn Sie Kiwis oder frische Ananas verwenden. Ihre Säure und ihre Enzyme lassen Sahne sehr schnell bitter werden. Beachten Sie dies auch bei der Ananastorte auf Seite 92.

Der Himbeertraum, in Gläsern angerichtet, ist ein köstliches Dessert, das sich gut vorbereiten lässt.

Himbeertraum

Für 4 Personen

Zutaten
- 2 EL Mandelblättchen
- 50 g Butter
- 100 g Semmelbrösel
- 100 g Okara
- 2 EL Ursüße
- ½ TL Zimt
- ½ l Schlagsahne
- 2 Päckchen Sahnesteif
- 450 g Himbeermarmelade
- 800 g Himbeeren, gefroren

Auftauzeit beachten!
Zeit: 50 Minuten

1 Die Mandelblättchen in etwas Butter goldgelb rösten.
2 Semmelbrösel und Okara in der restlichen Butter hellgelb rösten. Zucker und Zimt darunter mischen und abkühlen lassen.
3 Inzwischen die Schlagsahne mit Sahnesteif aufschlagen.
4 Die Hälfte der Brösel entweder in eine Auflaufform oder auf 4 Stielgläser verteilen.
5 225 Gramm Marmelade darauf verstreichen und 400 Gramm Himbeeren darüber geben. Die Hälfte der Schlagsahne auf den Himbeeren verstreichen. Restliche Brösel darüber schichten. Wieder mit Marmelade bestreichen, die restlichen Himbeeren darüber verteilen und zum Schluss mit der Sahne bedecken.
6 Mit den gerösteten Mandelblättchen bestreuen.
7 Vor dem Servieren einige Stunden bei Raumtemperatur stehen lassen, damit die Himbeeren auftauen können.

Tip Wenn kein Okara vorhanden ist, können Sie auch insgesamt 200 Gramm Semmelbrösel nehmen. Der Himbeertraum eignet sich als Dessert oder zum Kaffeekränzchen.

Obstkuchen mit Öl-Quark-Teig

Für 1 Blech oder 2 Springformen

Zutaten
- 300 g Weizenmehl
- 3 gehäufte EL Sojamehl
- 2 EL Sojalezithin
- 1 Päckchen Puddingpulver mit Sahnegeschmack
- 100 g Ursüße
- 1 Päckchen Backpulver
- 1 Päckchen Vanillezucker
- 500 g Schichtkäse, 20 %
- 12 EL Distelöl
- 12 EL Soja- oder Buttermilch
- Butter und Brösel für die Kuchenform
- Obst nach Wahl

Zeit: 40 Minuten

1 Alle Zutaten für den Teig in eine Rührschüssel geben und zu einem glatten Teig verarbeiten.
2 Den Teig auf ein gefettetes Blech oder in 2 gefettete, mit Bröseln bestreute Formen geben.
3 Mit Obst nach Wahl belegen.
4 Bei 175 bis 200 °C ca. 30 Minuten backen.

Info Diese schnell zuzubereitende Obstkuchenvariation eignet sich auch bei einer Cholesterindiät. Der Öl-Quark-Kuchen ist genauso locker wie ein regulärer Hefekuchen und bietet den zusätzlichen Vorteil, dass er länger frisch bleibt.

Ananas-Kokos-Torte

Für 1 Torte

Zutaten

- 5 EL Kokosraspel
- 2 EL Magerquark
- 1–2 EL Honig
- 1 Päckchen Vanillezucker
- 200 g Sahne
- 2 EL Crème fraîche
- 1 Ananas (siehe Tip Seite 90)
- 2 EL Preiselbeermarmelade

Zeit: 1 Stunde und 20 Minuten

1 Einen Tortenboden nach Grundrezept herstellen und halbieren (zweite Hälfte anderweitig verwenden).

2 Die Kokosraspeln leicht anrösten und abkühlen lassen.

3 Crème fraîche, Quark, Honig und Vanillezucker verrühren und ⅔ der Kokosraspeln unterziehen.

4 Das Cremegemisch mit der steif geschlagenen Sahne (etwas Sahne zur Dekoration zur Seite geben) vermischen, 15 Minuten in den Kühlschrank stellen.

5 Die Ananas schälen, klein würfeln und auf dem Tortenboden verteilen.

6 Die Preiselbeermarmelade tupfenweise darauf verteilen.

7 Die Creme darüber streichen und mit den zurückbehaltenen Kokosraspeln bestreuen.

8 Sahnetupfer aufsetzen und mit kleinen Ananasstückchen verzieren. Sofort servieren.

Haselnusstorte

Für 1 Torte

Zutaten

- 250 g Weizen
- 2 gehäufte EL Sojamehl
- 2 EL Sojalezithin
- 1 Päckchen Backpulver
- 250 g Haselnüsse, gerieben
- 2 TL Kakao
- 180 g Ursüße
- 1 Päckchen Vanillezucker
- abgeriebene Schale 1 Zitrone
- 120 g Margarine
- ¼ l Sojamilch
- Butter und Brösel
- 100 g kalte Butter
- 100 g Schokolade, erwärmt
- 80 g Puderzucker
- Marmelade zum Bestreichen
- Puderzucker oder Glasur

Zeit: 60 Minuten

1 Den Weizen sehr fein mahlen und mit Sojamehl, Lezithin, Backpulver, Haselnüssen und Kakao vermischen.

2 Zucker, Vanillezucker, Zitronenschale und Margarine schaumig schlagen. Über das Mehlgemisch geben und mit der Sojamilch vorsichtig verrühren.

3 In einer gefetteten, mit Bröseln ausgestreuten Springform bei 200 °C ca. 50 Minuten backen.

4 Inzwischen die Butter mit der weichen Schokolade zu einer schaumigen Creme schlagen.

5 Den Kuchen auskühlen lassen, halbieren, dünn mit Marmelade bestreichen, die Schokocreme darüber verteilen und den Deckel daraufgeben.

6 Mit Puderzucker bestäuben oder mit einer Schokoladenglasur überziehen und beliebig verzieren.

Variante Mandeltorte: Anstatt der Haselnüsse 250 Gramm geriebene Mandeln verwenden.

Rüblitorte mit Sanddornsahne

1 Weizen und Buchweizen fein mahlen.
2 Mandeln, Mehl, Sojalezithin, cultured buttermilk und Backpulver vermischen.
3 Die Möhren abschaben oder schälen, sehr fein raspeln und zu dem Mehlgemisch geben.
4 Den Honig, den Saft und die Schale der ½ Zitrone zufügen.
5 So viel Sojamilch untermischen, bis ein geschmeidiger Teig entsteht. Je nach Saftigkeit der Möhren können dies einige Esslöffel oder mehr sein.
6 Die Sahne mit dem Zimt steif schlagen und unter die Masse heben.
7 Den Teig in eine gefettete, mit Semmelbröseln ausgestreute Springform geben, glattstreichen und bei 180 °C 30 bis 45 Minuten backen lassen. In der Backröhre abkühlen lassen.
8 Für die Sanddornfüllung die Sahne mit dem Vanillezucker steif schlagen. Etwas von der Sahne zurückbehalten, um damit später die Torte zu verzieren.
9 3 Esslöffel Sanddornsirup zugeben, vorsichtig und kurz durchrühren.
10 Den Tortenboden in zwei gleichgroße Scheiben schneiden.
11 1 Esslöffel Sanddornsirup mit 1 Esslöffel heißem Wasser und – je nach Geschmack – mit Rumaroma verrühren. Die Tortenböden damit beträufeln. Die Hälfte der Sanddornsahne auf den einen Boden geben. Den anderen Tortenboden aufsetzen und die Torte mit der restlichen Sahne bestreichen.
12 Mit der zurückbehaltenen Schlagsahne Tupfer aufsetzen. Mit geraspelter Möhre und Minzeblättern verzieren.

Info Die aus Eurasien stammende Sanddornfrucht zeichnet sich durch ihren relativ hohen Vitamin-C-Gehalt aus. Daher ist Sanddornsaft ein ausgezeichnetes Mittel zur Vorbeugung von Erkältungskrankheiten, aber auch bei Magenverstimmungen. Bemerkenswert ist zudem der hohe Fettanteil, der mit 7,1 Gramm pro 100 Gramm Frischfrucht für Obst ungewöhnlich ist.

Für 1 Torte

Teig

- 75 g Weizen
- 25 g Buchweizen
- 200 g Mandeln, fein gemahlen
- 2 EL Sojamehl
- 2 EL Sojalezithin
- 2 EL cultured buttermilk (siehe Quellennachweis, Seite 95)
- 1 Päckchen Backpulver
- 200 g zarte Möhren
- 150 g Honig
- Schale und Saft ½ Zitrone
- Sojamilch
- 200 g Sahne
- 1 Messerspitze Zimt
- Butter und Brösel für die Kuchenform

Füllung

- 400 g Schlagsahne
- 1 Päckchen Vanillezucker
- 4 EL Sanddornsirup
- 1 Fläschchen Rumaroma nach Geschmack

Verzierung

- 1 kleine Möhre, geraspelt
- 12 Minzeblätter

Zeit: 1 Stunde und 20 Minuten

Tofu-Käsetorte

Für 1 Torte

Teig
- 100 g Butterkekse
- 40 g Butter

Füllung
- 200 g Tofu
- 300 g Doppelrahm-Frischkäse
- 200 g Ursüße
- Saft und Schale ½ Zitrone
- 1 Päckchen Puddingpulver mit Vanillegeschmack
- 1 TL Backpulver
- 200 g Schlagsahne

Zeit: 1 Stunde und 20 Minuten
Zeit zum Auskühlen

1 Die Kekse fein zerbröseln, die kalte Butter in kleinen Stückchen darüber geben und so lange kneten, bis sich die Zutaten zu einem glatten Teig verbunden haben.

2 Die Masse zu einem glatten Boden in eine Springform drücken.

3 Den Tofu pürieren, mit Frischkäse, Zucker, Zitronensaft und -schale cremig rühren.

4 Den Vanillepudding mit dem Backpulver vermischen und mit der Tofucreme vermengen.

5 Zum Schluss die geschlagene Sahne unterheben.

6 Die Masse auf dem Teigboden verstreichen. In der vorgeheizten Backröhre 75 Minuten bei 150 °C backen.

7 Erst nachdem die Torte ausgekühlt ist, den Springformrand lösen.

Wiener Bananenschnitten

Für 20 Stück

Zutaten
- 1 Tortenboden (siehe Rezept Seite 88)

Füllung
- 200 g Aprikosenmarmelade
- 6–8 reife Bananen
- 1 l Sojamilch
- 2 Päckchen Puddingpulver mit Vanillegeschmack

Guss
- 1 großes Päckchen Schokoladenglasur

Zeit: 1 Stunde und 30 Minuten

1 Den Teig nach dem Grundrezept herstellen, auf einem gefetteten Backblech verstreichen und bei 180 °C 20 bis 25 Minuten backen.

2 Den noch heißen Boden mit der Aprikosenmarmelade bestreichen.

3 Die geschälten Bananen in ca. 1 Zentimeter dicke Scheiben schneiden und den Tortenboden dicht damit belegen.

4 Die Sojamilch zum Kochen bringen, das angerührte Puddingpulver zufügen und kurz aufkochen lassen. Noch heiß über den Bananenscheiben verteilen und glattstreichen.

5 Nachdem der Pudding abgekühlt ist, den Schokoguss erwärmen und die Puddingschicht damit dünn überziehen.

6 Den Kuchen in Vierecke schneiden.

Info Die Banane, im arabischen »Finger«, ist das Obst mit dem höchsten Kaliumgehalt. Zu viel davon genossen verursacht sie Verstopfung.

Über die Autorin

Brigitta Klingel, Fooddesignerin, hat sich besonders im Bereich der Umstellung auf vegetarische Ernährung einen Namen gemacht. Einige ihrer Erfindungen, darunter der geräucherte Tofu, wurden sehr erfolgreich. In Kursen gibt sie ihre Kenntnisse über fleischlose Ernährung und ihre selbst entwickelten Rezepte weiter. Im Südwest Verlag sind bisher von Brigitta Klingel erschienen: Vegetarische Grillspezialitäten, Vegan-Küche und Neue vegetarische Rezeptideen.

Literatur

AID Bonn: Anders essen bewußter Leben, Video 1986
Kammerl, Dazze und Helga: Richtig essen und gesund bleiben. Nymphenburger Verlag. München 1996
Klingel, Brigitta: Exemplarisch Vegetarisch. Sk-Publikationen. Hof/Saale 1995
Kranz von Rohr, Ingrid: Farbtherapie aus der Küche. Fischer Media Verlag. Münsingen-Bern. 1996
Singh, Rajinder: Heilende Meditationen. Urania-Verlag. Berlin 1996
Winter, Ruth: Super Soy-The miracle bean. Crown Trade Paperbacks. New York 1996

Quellennachweis

Die angebenen Produkte können bezogen werden bei:
Vegi-Versand 2000, Diffenéstraße 10 a-c, 68169 Mennheim
Bei Fragen wählen Sie die Telefon- und Faxnummer 06 21/7 62 88 32.

Hinweis

Das vorliegende Buch ist sorgfältig erarbeitet worden. Dennoch erfolgen alle Angaben ohne Gewähr. Weder Autorin noch Verlag können für eventuelle Nachteile oder Schäden, die aus den im Buch gemachten praktischen Hinweisen resultieren, eine Haftung übernehmen.

Bildnachweis

Bilderberg, Hamburg: 1, 14, 33 (Reinhart Wolf), 4 (Rainer Drexel), 10 (Frieder Blickle), 12, 30 (Wolfgang Kunz), 22, 44 (Nomi Baumgartl), 46 (Eberhard Grames); Fotoarchiv, Essen: 9 (Henning Christoph); IFA Bilderteam, Taufkirchen: 42 (Tschanz); Image Bank, München: 6 (Alois Upitis); Mauritius, Mittenwald: Titel (Poehlmann); Pasieka Alfred, Hilden: 18; Südwest Verlag, München ©: 48, 51, 55, 59, 64, 68, 74, 79, 82, 87, 90, U4 (Dirk Albrecht, Meinerzhagen)

Impressum

Redaktion:
Constanze Lüdicke,
Anja Romaus

Projektleitung:
Stephanie Wenzel

Redaktionsleitung:
Dr. med. Christiane Lentz

Bildredaktion: Bettina Huber

Produktion: Manfred Metzger

Umschlag:
Till Eiden

DTP:
Klaus Lutsch,
Mihriye Yücel

Druck:
Color-Offset, München

Bindung:
R. Oldenbourg, München

Printed in Germany

Gedruckt auf chlor- und säurefreiem Papier

ISBN 3-517-01861-9

Anmerkung der Redaktion

Sie haben es sicher gemerkt, dass wir diesem Buch die neuen amtlichen Rechtschreibregeln zu Grunde/zugrunde gelegt haben.

Rezepteregister

Sachregister